大展好書　好書大展
品嘗好書　冠群可期

大展好書　好書大展
品嘗好書　冠群可期

楊 式 太 極 拳

10

楊氏太極拳 103 式

附DVD

楊振鐸　著

大展出版社有限公司

003

楊露禪　遺像

楊健侯　遺像

005

楊澄甫　遺像

作者　楊振鐸

右：楊振鐸（作者）

中：楊澄甫（父）

左：楊助清（母）

左二：楊振國（四弟）

右二：楊振基（二哥）

008

1997 年作者與其夫人、孫媳、重孫女合影

1999 年美國特洛伊市市長向楊振鐸贈該城金鑰匙

1999 年在法國 PAU 市市長主持雞尾酒會

1998 年作者在加拿大授拳

前　言

當前，習練楊氏太極拳者越來越多，而且有許多愛好者提出，應以《太極拳體用全書》爲藍本，早日編寫適合初學者使用的通俗教材。

自1934年楊公澄甫所著《太極拳體用全書》問世以來，由於內容豐富，拳姿舒展雄健，堪稱楷模，深受廣大愛好者的歡迎與喜愛，雖時隔數載，至今仍然是習練楊氏太極拳者所必須遵照摹練之藍本。

《太極拳體用全書》文字簡練，內容均爲應用之法，其拳照是由楊公澄甫宗師親自示範，被太極拳愛好者尊爲楊氏太極拳典型代表，楷模中之鼻祖。該書實屬楊氏太極拳愛好者最後攀登高標準之珍本。

現今習練楊氏太極拳者甚多，而《太極拳體用全書》係高年級具有一定水準者研究之課本，一般初學者不易接受，因此在實際習練過程中，確有許多不便之處，只能依樣畫葫蘆，水準不易提高。故要求楊氏後裔也以照片形式（因畫像不易表達神態）在原《太極拳體用全書》拳照的基礎上，增加過渡動作，並在文字上採用簡明易懂的語言，盡可能將基本理論、習練方法、動作要領、要求等用白話說明，以便學者從理論認識、鍛鍊方法、動作要求上

有所瞭解，不致人云亦云，形式模仿，心中無數，不得要領。因之迫切希望編寫適合廣大楊氏太極拳愛好者需要的初級課本。這是楊氏太極拳愛好者企盼已久的願望。

鑒於上述意見，我作爲楊氏後裔，責無旁貸，應盡可能滿足大家的要求，因此編寫了《傳統楊氏太極拳叢書》這套教材，其中包括《楊氏太極拳一百零三式》、《楊氏太極拳表演比賽套路》（四十九式）、《楊氏太極拳十三式》、《楊氏太極劍》、《楊氏太極刀》、《楊氏太極拳用法》共六冊，均配有教學光盤。本套教材的出版，對於普及楊氏太極拳，指導楊氏太極拳健康發展，發展太極拳運動將起到重要作用。

由於本人水準所限，書中會有許多不足之處，望讀者見諒。

楊氏太極拳簡介

　　楊氏太極拳是太極拳中的一個流派。它由第一代宗師楊祿禪及其子楊班侯、楊健侯，其孫少侯、楊澄甫祖孫三代人懷著為人類造福的理想，結合社會發展的需要，苦心鑽研，在不違背武術本能的基礎上，保留了技擊與攻防內容，創造了一套緩慢柔和、式式均勻、姿勢舒展、勁在內涵、形象優美的動作，並具有純樸、獨特、新穎、別致的特色，它在中國武壇上的出現，為人類強身健體、治療疾病、延年益壽、陶冶情操，做出了卓越的貢獻。

　　楊氏太極拳是哲拳，它是武術，也是醫術，更是具有豐富內涵的東方文化。楊氏太極拳是中華民族傳統武術的珍貴遺產，它融匯陰陽八卦、五行學說哲理，博採各家武術精華，動作適應人體生理機制。楊氏太極拳其動靜虛實的變化、剛柔內外之消長，與唯物辯證法闡明的矛盾相互依存、相互對立、相互轉化的規律相吻合，是體育運動中最適宜健身的具有科學原理的優秀拳種之一。

　　楊氏太極拳架式舒展大方，動作簡潔柔和，速度緩慢均勻，動中有靜，柔中寓剛，以意引氣，以氣運身，內外相合，身心兼修，老少皆宜。它具有強身袪病之效，又是自衛技擊之術，不僅歷六世、經百餘年而不衰，而且隨著

現代科學的不斷發展，日益呈現風行環宇之勢。

楊氏太極拳構思細膩，編排合理，結構嚴謹，全面完整，有一定的科學性，使武術、保健、療病三者自然結合，不但能消除三者之間原有的矛盾，還能起到相互促進的作用。同時在處理一般動作與高難動作的協調、緩和與緊張的安排上，都顯得非常適當，使演練者自始至終，甚至連續練幾趟，均感舒適，輕鬆愉悅。尤能適應多方需求，滿足練功、健體、療病的男女老少需要。它適應面廣，鍛鍊效果較好，使太極拳成爲中華民族寶貴的文化遺產，爲中華武術這一瑰寶增添了色彩。

國家體委早在 1956 年與 1959 年前後就以楊澄甫拳架爲藍本，編寫了《24 式簡化太極拳》、《88 式太極拳》。自推廣以來，深受廣大群眾歡迎。國家體委武術研究院爲了適應當前國內外太極拳發展的需要，又特彙編了四氏太極拳競賽套路（楊、陳、吳、孫），其動作均要求按傳統練法編排，它對今後國內外太極拳運動的蓬勃發展起到了重要作用。

套路演練的基本理論，是指導楊氏太極拳健康發展的準繩。楊公澄甫所著《太極拳術十要》、《太極拳之練習談》，幾經滄桑，至今仍然是指導楊氏太極拳健康發展必須遵循的準則。

楊氏太極拳發展形勢是喜人的，如今遍及海內外，習練者日益增多，普及面更加廣泛。願太極拳爲慢性病患者造福，爲人類健康長壽做出貢獻！

目 錄

楊氏太極拳二十字口訣

（對上肢要求）

抻出肘尖，空出胳肢窩。
肘尖、拽膀尖、連手腕、帶手指。

　　二十字口訣字句不多，但言短意深、耐人尋味。這雖然指的是上肢各個部位、但能起到由此及彼的連鎖反映。不只是聯想到，而且能夠立即真正感覺到，正是由於上肢的活動，牽動了含胸，引發了拔背，導致了鬆腰、鬆胯，以致實現了由腳而腿而腰節節貫穿等要領的內在聯繫及相互結合。

　　由此而產生的勁感，達到的整體感，都是習練者必須切實體驗到、切實做到的。這對於練好太極拳是非常重要的。可見二十字口訣關係著每一著勢，決定著整體套路連貫完成。所以，望學生認真領悟真意，體驗「抻」、「空」、「拽」、「連」、「帶」引發的勁感，以助整體修為、內外相兼之演練。

習練楊氏太極拳的手法

　　楊氏太極拳對手的要求是比較嚴格的，拳主要體現在手上，因之對手的形狀，以至具體到各種掌法、拳法（捶法）及吊手的位置、方向、角度在技擊中的作用，以及鍛鍊效果，都具有一定作用。

　　因之，在手、眼、身、法、步的要求中，把手放在了第一位，這也說明了它的重要性。

　　「手法」中包括各種掌法、拳法（捶法）以及吊手。現分別介紹如下：

一、掌　法

　　掌法是手法中的一種，分為兩個類型，約有九種。

第一類型：坐腕立掌型

　　有五種掌法：1.立掌；2.正掌；3.平掌；4.俯掌；5.反掌。

第二類型：直伸型

　　有四種掌法：1.垂掌；2.直掌；3.側掌；4.仰掌。

（一）「坐腕立掌型」的特點

坐腕立掌的特點：掌的伸出都必須坐腕立掌。

坐腕立掌的做法：首先，手腕要坐實，然後將手掌向上立，也就是往上翹，逐漸使五指尖朝上，掌心向前。當手掌向上翹到一定程度時，就會產生一種內在的自我感覺，這種感覺稱之為「勁感」。

　　如果習練者鍛鍊有素，這種「勁感」則立即貫通全身。初學者則會出現局部僵硬的感覺（手脖子發酸發困）。

　　以上兩種感覺截然不同，因之，初學者應首先去除手掌上立不夠而出現的軟弱空虛，無著落之感，但上翹過分產生的僵硬呆板，也非追求之目的。只要是感覺到了的，「勁感」不適宜，可以修正；如果感覺不到，就是空的，是不能自我調整的。

　　這一掌法綱舉目張地統攝著勁的內含和精神的表達及剛柔的實現，以致節節貫穿，整體協調。

　　要練好楊氏太極拳，就必須由立掌找到這一「勁感」。

　　以下是坐腕立掌型的幾種掌法：

1. 立　掌

　　指尖朝上或偏向上方，掌心不向正前方，而向其他方向者，謂立掌。例如，摟膝拗步和倒攆猴式的上方掌，玉女穿梭的下方掌。

2. 正　掌

　　指尖向上，掌心向正前方者，謂之正掌。例如攬雀尾式中之按，如封似閉之按均屬正面掌，這兩種掌法都是以推為主。而立掌則以擊打為主。

3. 平　掌

不論指尖指向何方，而掌心向下或向左、右平環者。例如單鞭、肘底錘之過渡式。

4. 俯　掌

掌心向下或偏向下，不論指尖指向何方，都稱之為俯掌。例如摟膝拗步，野馬分鬃，白鶴亮翅的下方掌，裁捶、指襠捶式的左掌等。

5. 反　掌

指尖指向一側，或偏向一側，掌心向外者，都稱之為反掌。例如，玉女穿梭、白鶴亮翅式之上方掌，雲手式之由掤轉採的掌。

（二）「直伸型」的特點

直伸型掌法的特點以及作法：只需將手掌伸直（不要硬挺、手形不變）、放平、放展、引長就可以了。它不需要坐腕立掌，但也要有內勁的自我感覺以及整體貫穿，雖然與坐腕立掌型表現形式以及作法有所不同，但產生的作用與效果都是一樣的。兩者相互依存，彼此配合，應等同視之。

以下是直伸型的幾種掌法：

1. 垂　掌

掌心向裏或偏向裏，指尖向下或偏向下者謂垂掌。例

如預備式之兩臂下垂，當兩臂環下圓弧時等。

2. 直　掌

掌心向下或偏向下，不論指尖指向何方者謂直掌。例如，起勢之兩臂提起，又如由按式轉單鞭之過渡等。

3. 側　掌

掌心向裏或偏向裏，不論指尖指向何方者謂側掌。例如，攬雀尾之左右掤，雲手的掤等。

4. 仰　掌

掌心向上或偏向上方，指尖向前或偏向前者謂之仰掌。例如，倒攆猴和高探馬的下方掌，斜飛勢和穿掌的上方掌等。

以上所介紹的有關掌法與手形的正確與否有著不可分割的關連。關於手形，在《太極拳術十要》中已經講到：「掌宜微伸，指宜微曲」，但在實際習練時，還有一條「指縫稍離」也是非常重要的，要手指不能併攏，也不能搩開。

這樣，手掌的外部形象，更加趨於完善，既有剛的內含，又有柔韌的外觀，自然，瀟灑，可謂形神兼備，望學者默識，體悟揣摩。

各種掌法是否能夠做好，其基礎都在「放鬆」，如果能夠正確理解「放鬆」的意義，練法對頭，自會有好的效果。

因之，必須有正確的練法，才能使各種掌法運用得當，並收到一掌攝全身的效果。

二、捶 法

捶法也稱之為拳法，同屬手法中的一種。首先介紹捶的握法以及捶的形狀：

捶的握法，要求食指，中指，無名指和小指均向裏屈握實，而母指置食指外側，握好握實，形成俗稱的拳頭。

對拳頭形狀的具體要求（以右手之正面拳為例）：拳面向前，拳眼向上，拳心向裏，拳背朝外。拳面是指向裏屈之四指的第二節至第三節的平面。

正面拳與掌的直伸型同屬一個類型，雖然握的是拳，但出拳時是直接伸出去的，而另一個類型，與掌法中的坐腕立掌型近似，但又有它的不同處，現按照套路順序，將出現的拳式分別介紹如下：

1. 搬攔捶

以右手握拳稱之為搬，左手坐掌為攔。搬分俯腕搬與翻腕搬兩種，俯腕搬要求拳向上翹，拳心向下，似掌法中之立掌。而翻腕搬要求拳心向裏，拳背朝外，拳向裏扣。

這兩種拳形的出現，與掌法中之坐腕立掌相似，其扣與翹，都必須做到一定程度，到位了才能產生勁感完成搬的動作，最後還有一捶，要求正面平伸，是正面平捶向對方擊出，也要求有勁感，而兩搬是向左右兩側走橫向。左掌之攔，實為攔擋之意。

2. 肘底捶

肘底捶是以左手將對方之臂托起，用右手握拳，在其肋下以拳擊之。右拳的做法，注意臂向裏平曲，拳向裏扣，拳心向裏，拳背朝外，拳眼向上，它與掌法中之平坐掌相似。實際上扣就是坐，不扣則不得力。

3. 轉身撇身捶

撇身捶是以拳背向對方面部擊出。其捶的做法與搬攔捶之兩搬類同，先走俯腕捶，後以翻腕捶正面擊出，拳心向裏，扣腕，使拳面繃起朝外即可。

4. 栽　捶

栽捶屬直伸形，它與搬攔捶之捶的做法一樣，搬攔捶最後出的捶，是以正面平捶出擊，而栽捶顧名思義是朝下的，因此，大約以45度角度朝對方下肢擊出就可以了。

5. 打虎勢之捶

該捶分上下，上為外扣，下為裏扣，上方拳意在擊打對方頭部，下方拳意在擊打對方腹部及肋部，兩拳眼是上下相對的，但上方拳拳心向外，而下方拳拳心是向裏的，注意兩拳都必須由腕部使其向裏扣，同樣找到勁感。

6. 雙峰貫耳之捶

該捶是以兩拳之食指第三節擊打對方兩鬢（太陽

穴），故要求兩拳均向內扣，由兩側使兩拳向下朝裏扣，兩拳眼側相對，以兩拳之食指第三節相對，兩拳心均向前。注意不得以兩拳面相對，也不能以兩拳眼相對。

7.指襠捶

指襠捶，顧名思義，就是以拳擊打對方下身。具體做法與搬攔捶之捶，栽捶之捶屬同一做法，惟指襠捶是指對方的襠，三拳做法一樣惟擊打點有所不同，既然搬攔捶之捶是平捶，栽捶是向下，而中間就是指襠了，三者分出高中低就可以了。

8.彎弓射虎

該捶意在以兩拳同時擊出，一擊頭，一擊胸，上方捶擊頭，下方捶擊胸，兩拳均由一側向另一側擊出，是屬直伸型拳法，無須扣腕，兩拳拳眼是上下相對的，但拳心都是朝外的，拳面側向前。

以上諸捶法，由於用法要求不同，所以表現形式也有所不同，但有一點是相同的，即必須有勁感，這一點與掌法以至吊手都是一致的，在手、眼、身、法、步中以手為首，是貫穿整體的關鍵部位，它既能表現出武術的攻防意識，同時也是精氣神的具體體現，望認真尋求。

太極拳之練習談

永年楊公澄甫遺著

中國之拳術，雖派別繁多，要知皆寓有哲理之技術，歷來古人窮畢生之精力，而不能盡其玄妙者，比比皆是。雖然，學者若費一日之功力，即得有一日之成效，日積月累，水到渠成。

太極拳，乃柔中寓剛，棉裏藏針之藝術，於技術上、生理上、力學上，有相當之哲理存焉。故研究此道者須經過一定之程序，與相當之時日。雖然良師之指導，好友之切磋，固不可少，而最緊要者，是在逐日自身之鍛鍊，否則談論終日，思慕經年，一朝交手，空洞無物，依然是門外漢者，未有逐日功夫。

古人所謂，終思無益，不如學也。若能晨昏無間，寒暑不易，一經動念，即舉摹練，無論老幼男女，即其成功則一也。

近來研究太極拳者，由北而南，自黃河流域至揚子江流域，同志日增，不禁為武術前途喜。然同志中，專心苦練，誠心向學，將來不可限量者，固不乏人，但普通不免入於兩途：

一則天才即俱，年力又強，舉一反三，穎悟出群；惜

乎稍有小成，便是滿足，邃邁中輟，未能大受。

其次急求速效，忽略而成，未經一載，拳、劍、刀、槍皆已學全，雖能依樣葫蘆，而實際未得此中三味，一經考究其方向動作，上下內外，皆未合度，如欲改正，則式式皆須修改；且朝經改正，而夕已忘卻，故常聞人曰：習拳容易改拳難。此語之來，皆由速成而致此。如此輩者，以訛傳訛，必致自誤誤人，最為技術前途憂者也。

太極拳開始選練拳架。所謂拳架者，即照拳譜上各式名稱，一式一式由師指教，學者悉心靜心，默記揣摹，而照行之，謂之練架子，此時學者分內外上下注意。

屬於內者，即所謂用意不用力，下則氣沉丹田，上則虛靈頂勁；屬於外者，周身輕靈，節節貫串，由腳而腿而腰，沉肩曲肘等是也。

初學之時，先此數句，朝夕揣摹，而體會之，一招一式，總須仔細推求，舉動練習，務求正確，習練既純，再求二式，於是逐漸而至於習完。如是則毋事改正，日久亦不致更變要領也。

習練運行時，周身骨節，均須鬆開自然。其一，口腹不可閉氣，其二，四肢腰腿不可起強勁。此二句，學內家拳者，類能道之，但一舉動，一轉身，或踢腿擺腰，其氣喘矣，其身搖矣，其病皆由閉氣與起強勁也。

1. 摹練時頭部不可偏側與俯仰。所謂要頂頭懸，若有物頂於頭上之意，切忌硬直，所謂懸字意義也。目光雖然向前平視，有時當隨身法而轉移，其視線雖屬空虛，亦為變化中一緊要之動作，而補身法手法之不足也。其口似開

非開，似閉非閉，口呼鼻吸，任其自然。如舌下生津，當隨咽入，勿吐棄之。

2. 身軀宜中正而不倚；脊樑與尾閭，宜垂直不偏。但遇開合變化時，有含胸拔背，沉肩轉腰之活用，初學時節須注意。否則日久難改，必流於板滯，功夫雖深，難以得益致用矣。

3. 兩臂骨節均須鬆開，肩應下垂，肘應下曲，掌以微伸，手指微曲，以意運臂，以氣貫指，日積月累，內勁通靈，其玄妙自生矣。

4. 兩腿宜分虛實，起落猶似貓行。體重移於左者，則左實，而右腳謂之虛；若移於右者，則右實，而左腳謂之虛。所謂虛者非空，其勢仍未斷，而留有伸縮變化之餘意存焉。所謂實者，確實而已，非用勁過分，用力過猛之謂。故腿曲至垂直為準，逾此謂之過勁。身軀前撲，即失中正姿勢，敵得生乘機攻矣。

5. 腳掌應分踢腿（譜上左右分腳或寫左右翅腳）與蹬腿二式。踢腿時則注意腳尖，蹬腿時則注意全掌，意到則氣到，氣到而勁自到。但骨節均須鬆開而平穩出之，此時最易起強勁，身軀波折而不穩，發腿亦無力矣。

太極拳之程序，先練拳架（屬於徒手），如太極拳，太極長拳；其次單手推挽，原地推手，活步推手，大捋，散手；再次則器械，如太極劍，太極刀，太極槍（十三槍）等是也。

練拳時間，每日起床後兩遍。若晨起無暇，則睡前兩遍，一日之中，應練七八次，至少晨昏各一遍。但醉後、

飽食，皆宜避忌。

　　練習地點，以庭園與廳堂，能通空氣，多光線者，皆為相宜。但忌直射之烈風，與有陰濕黴氣之場所耳；因身體一經運動，呼吸定然深長，故烈風與黴氣，如深入腹中有害於肺臟，易致疾病也。

　　練習之服裝，以寬大之中服短裝，與闊頭之布鞋為相宜，習練經時，如遇出汗，切忌脫衣裸體，或行冷水揩抹；否則未有不罹疾病也。

太極拳十要

楊澄甫口授　陳微明筆錄

1. 虛靈頂勁

頂勁者，頭容正直神貫於頂也。不可用力，用力則項強，氣血不能通流，須有虛靈自然之意。非有虛靈頂勁之意，則精神不能提起也。

2. 含胸拔背

含胸者，胸略內含，使氣沉於丹田也。胸忌挺出，挺出則氣擁胸際，上重下輕，腳跟易於浮起。拔背者，氣貼於背也。能含胸則自能拔背；能拔背，則能力由脊發，所向無敵。

3. 鬆　腰

腰為一身之主宰，能鬆腰，然後兩足有力，下盤穩固，虛實變化，皆由腰轉動，故曰：「命意源頭在腰隙。」有不得力，必於腰腿求之也。

4. 分虛實

太極拳術，以分虛實為第一義。如全身皆坐在右腿，

則右腿為實，左腿為虛；全身坐在左腿，則左腿為實，右腿為虛。

虛實能分，而後轉動輕靈，毫不費力；如不能分，則邁步重滯，自立不穩，而易為人所牽動。

5. 沉肩墜肘

沉肩者，肩鬆開下垂也；若不能鬆垂，兩肩端起，則氣亦隨之而上，全身皆不得力矣。

墜肘者，肘往下鬆垂之意。肘若懸起則肩不能沉，放人不遠，近於外家之斷勁矣。

6. 用意不用力

太極拳論云，此全是用意不用力。練太極拳，全身鬆開，不使用分毫之拙勁，以留滯於筋骨血脈之間，以自束縛，然後能輕靈變化，圓轉自如。或疑不用力，何以能長力？

蓋人身有經絡，如地之溝洫，溝洫不塞而水行，經絡不閉而氣通。如渾身僵勁，充滿經絡，氣血停滯，轉動不靈，牽一髮而全身動矣。

若不用力而用意，意之所至，氣即至焉。如是氣血流注，日日貫輸，周流全身，無時停滯，久久練習，則得真正內勁，即太極論中所云，「極柔軟，然後能極堅剛」也。

太極功夫純熟之人，臂膊如棉主裹鐵，分量極沉。練外家拳者，用力則顯有力，不用力時，則甚輕浮。可見其

力,乃外勁浮面之勁也。外家之力,最易引動,故不足尚
也。

7. 上下相隨

上下相隨者,即太極論中所云:「其根在腳,發於
腿,主宰於腰,形於手指,由腳而腿而腰,總須完整一氣
也。」手動腰動足動,眼神亦隨之動。如是方可謂上下相
隨。有一不動,即散亂矣。

8. 內外相合

太極所練在神,故云「神為主帥,身為軀使」。精神
能提得起,自然舉動輕靈,架子不外虛實開合。

所謂開者,不但手腳開,心意亦與之俱開;所謂合
者,不但手足合,心意亦與之俱合。能內外合為一氣,則
渾然無間矣。

9. 相連不斷

外家拳術,其勁乃後天之拙勁,故有起止,有續有
斷,舊力已盡,新力未生,此時最易為人所束。太極用意
不用力,自始至終,綿綿不斷,週而復始,循環無窮。

拳論所謂「如長江大河,滔滔不絕」。又曰:運勁如
抽絲。皆言其貫串一氣也。

10. 動中求靜

外家拳術,以跳躑為能,用盡氣力,故練習之後,無

不喘氣者。太極以靜禦動，雖動猶靜。故練架子，愈慢愈好。慢則呼吸深長，氣沉丹田，自無血脈僨張之弊。學者細心體會庶可得其意焉。

楊氏太極拳的特點、練法、架式、風格

特　點

架式舒展簡潔，結構嚴謹，身法中正，不偏不倚，動作和順，剛柔內含，輕靈沉著兼而有之。

練　法

由鬆入柔，積柔成剛，剛柔相濟。

架　式

有高中低之分，可以按學者不同年齡、性別和體力條件以及學者的不同要求適當調整運動量。

風　格

由於楊氏太極拳姿勢舒展，輕靈自然，中正圓滿，平正樸實，因之，能夠很自然地表現出氣魄大、形象美的獨特風格。

楊氏太極拳
符合原則科學健身

據最新科學研究報告，健身方法和原則是：

1. 應該是中低強度的有氧耐力運動。

2. 應該是有節奏的運動，並且運動時間持續在20～60分鐘，每日1至2次。

3. 運動後在10秒內測定心率在每分鐘110次範圍內。

對照以上原則，習練楊氏太極拳完全符合這一要求。

首先，它的運動強度屬中低等強度，並有氧耐力。

其次不但在習練過程中具有節奏感，而且相對平穩，整體協調平衡；在時間上，一趟拳練下來大約是20～25分鐘，如果再練上一趟劍5分鐘，刀2分鐘，這樣在時間上也符合。

由於有了以上條件，在心率的測定上，也是合乎要求的。總之，習練楊氏太極拳是符合科學健身原則的。

楊氏太極拳教學口訣的說明

　　為了教學方便，針對初學者一時不易接受的情況，採取了邊說邊做的方法，以助其思維和動作之不足，尤其結合拳勢動作，摘要式的分別前後次序，編成了順口溜，使學者能夠耳聞目睹，有條不紊的接受指導並慕仿其動作進行演練。其效果反映良好。

　　對這種口傳身授的教學方法，使初學者和啟蒙教師頗感興趣，因之要求錄音和索要文字材料者頗多。為了滿足愛好者之要求，現隨同套路一併發表，因教者必須在一定時間內連說帶做，引導學者完成整體動作，這就難免有不詳之處。請見諒！

楊氏太極拳拳式名稱順序

▶▶▶▶▶ 楊氏太極拳 103 式

楊氏太極拳圖解

第1式　預備勢

面向正南，兩腳直向前方與肩同寬，分左右站立。身體恭正，兩臂自然下垂，手心向內，手指朝下。兩眼向前平視，神情安舒（圖1）。

口訣：兩腳直前與肩同寬踩成馬步。兩臂自然下垂，手心向裏。全身放鬆。

要點：

1. 首先要求在預備式中做到全身「放鬆」（包括意念上，肢體上的全然「放鬆」）。只有真正做到了「放鬆」，才能排除雜念，意識集中和全神貫注。至於在肢體上可能出現僵硬呆板或者軟塌無著落的情況，這也是正常現象。只要在今後實際演練過程中，注意結合要領，默識揣摩，自會克服與轉變。常言：「不以規矩不能成方圓。」尤其初學者，一定要熟記基本要領（楊澄甫先師太極拳術十要），按照要領要求認真地去做，逐漸加深理解，為練好太極拳奠定良好基礎。不然就會走彎路，不僅是動作不規範，也不易記憶，欲速則不達，更難收到應有的鍛鍊作用。

2. 預備式動作雖然比較簡單，但也必須結合要領，如虛領頂勁，氣沉丹田，含胸拔背，鬆腰鬆胯，沉肩墜肘，

圖1　　　　　　　　圖2

坐腕舒指等。按照要領要求，認真檢查是否都做到了，自我感覺如何，為整體套路開始活動創造良好的開端。從技術要求來說，此式至關重要，是以我之靜，待對方之動，雖靜猶動，窺察對方動向，雖防又有動意，勢如張弓待發。因之，不應忽略。

　　3. 基本要領是貫穿始終的，每式每動都應以要領衡量是否正確、規範。一定要做到有規必循，循規蹈矩，只有這樣，才能使太極拳發揮其應有的技擊和健身療病效果。

第2式　起 勢

　　動作1：兩臂內旋翻動，使手背向前，手心向後，仍置兩胯旁，保持與肩同寬，由下向前往上徐徐提起，提至略與肩平，掌心向下，手指朝前（如圖2、圖3）。

圖3

圖4

　　動作2：兩肘微屈，兩腕微坐，徐徐由上而下放至兩胯前，掌心向下，指尖朝前（如圖4）。

　　口訣：翻動兩臂，兩手背朝前。由下向前往上徐徐提起，抬平。微屈兩肘，微坐兩腕。十指前伸，由上向下落至兩胯前，掌心向下。

　　要點：

　　1. 在演練開始以後，尤應注意練法上的「放鬆」。這不僅在意念上要消除緊張狀態，尤其應該有意識地使全身關節、肌肉、整個骨骼鬆開（也就是放展、伸長，使其韌帶拉長），忌僵硬，使全身有機連接成一個整體，有沉重的自我感覺（也就是具體體現人體和基本要領相互溝通的最初的自我感覺，也是勁的內在感覺）。

　　2. 兩臂上提時，既不宜用僵勁，直挺挺地硬往上提，

直起直落，也不宜空提兩臂，呈現軟塌無著落現象。

3. 注意兩臂自然下垂時之形狀，直中含有曲，曲中又有直，也就是臂的將展未展，呈現內向弧形形狀。當兩臂提起略與肩平時，又呈現下向弧形形狀。而兩臂下放時的形狀，又轉變為上向弧形形狀。這三種形狀各異，似不相同的臂形，但都屬於將展未展同一類臂形。這一臂形將要在整個套路中不斷出現，望學者在學練中，注意舉一反三、以此類推的學練方法，以利於以下的學練。

第3式　攬雀尾

左　掤

動作1：當前式兩臂徐徐下放將至胯前時，即將重心微向左移，使右腳略有鬆動，即以腰帶動向右轉體45度；與此同時，右腳掌微離地面，也向外撇出45度，兩臂微向裏屈，掌心側向下（如圖5）。

動作2：右腿向右腳尖方向屈膝向下蹲，將重心坐在右腿。左腿在原地，自然彎曲，變為虛步。同時右臂由下向上往外向身前屈，右掌置胸腹之間，掌心向下。左臂微抬由下向裏屈，逐漸翻臂使掌心側向

圖5

圖6

圖7

上，置於腹部前方，右臂在上，左臂在下，兩臂成合狀（如圖6）。

動作3：當右腿坐實以後，即將左腿向正前方伸出，先使腳跟著地，腳掌虛懸（如圖7）。

動作4：當左腳著地，即將重心向左腿移動，此時右腿向前蹬出，使左腿成弓步。同時左臂由下向上掤起，其臂略與肩平，掌心側向內，手指略高於肘部。右臂由上向下置於右胯前，掌心向下。面向正

圖8

圖9

圖10

西，兩眼向前平視（如圖8）。

　　口訣：重心略向左，腰帶右腳開（向右撇出45度），屈膝下蹲（右腿），右臂由裏向外環，左臂由前翻掌向裏環，兩臂相合。坐好腿，邁出去腿，腳跟先著地，重心前移弓出左腿。左臂掤起，掌心側向裏，右臂按下，掌心側向下，置右胯前。

右　掤

　　動作5：重心略向後，利用腰的帶動，使左腳向裏扣45度（圖9、圖10）。

　　動作6：仍以腰帶動，由右向左轉體至左側45度，同時逐漸把重心移至左腿，使右腿轉變為虛步，腳跟微離地面，而右臂也同時隨腰轉動，由右向左，經過前方屈至左

圖11　　　　　　　　圖12

臂下方、腹部前方，掌心側向上。左臂肘向下屈，臂向裏
合，置左側45度處，掌心側向下，兩臂相合成合狀，左臂
在上，右臂在下。當左腿坐實以後，順勢提起右腿向正前
方邁出，腳跟先著地，前腳掌虛懸（圖11～圖13）。

　　動作7：右腿隨著左腿向前蹬出，逐漸屈膝轉變為右
弓步。右臂同時由左向前往上掤起，至胸前，掌心略向
裏，肘略墜，指尖略高於肘。左臂也同時略向裏屈，置右
臂下方，掌心側向外，左手置右臂肘腕之間，指尖距右小
臂大約一拳。面向正西，兩眼平視（圖14）。

　　口訣：重心略向右，腰帶左腳扣（裏扣45度），身向
左轉，重心左移，右臂環至左臂下方，兩臂相合。提右
腿，正前邁出，腳跟先著地。右臂由裏向前掤起，弓出右
腿，左手置右臂肘腕之間。

圖13

圖14

要點：該要點適用於左、右掤。

1. 轉體動作，應以腰部帶動四肢轉動。

2. 腳之外撇與裏扣，應透過轉換步法，在實腿略有鬆動以後，隨腰轉動，以免硬擰硬扣以及硬撇，呈現僵硬呆板，有失輕靈；但也應注意，出現為轉換而轉換的大幅度的轉換，也是不宜的。

3. 在做弓步時，應注意虛實變換時腿下之蹬撐兩勁的相互配合，不論是前腿蹬後腿撐，還是後腿蹬前腿撐，兩者都必須協調，避免硬蹬硬撐，或者空蹬空出。固然是以腰為主宰，它能帶動四肢，使其上下相隨，更好地完成每一個動作與姿勢，但下肢失控，不予配合，雖然腰部有主宰四肢之功能，也是無奈何的。

因之，在太極拳的活動中，特別強調發揮整體活動的

作用，也就是相互配合，彼此制約的整體協調，也正如人們常說的，太極拳是一全身的運動，這與局部活動是有區別的。這一點望認真體會。

4. 弓步的做法：每當上步落腳時，先以腳跟著地，五指抓地，最後膝蓋向前弓出。在此整個過程，實腿之蹬，虛腿之撐，兩勁之一送一接，尤其是虛腿的撐，要做到既不丟也不頂。丟則失重，頂則僵硬，均不為上乘。如能做到恰到好處，它將為轉換步法的上下相隨創造了有利條件。在做弓步定式時，實腿之蹬出，也如同臂的伸出，做到將展未展就可以了。過展也就是硬挺，顯得僵；如果曲度過大，蹬勁出不來，顯得有勁使不出。而虛腿之撐是由緩衝作用，先以腳跟著地，繼之腳板踩地，五指抓地，然後使膝蓋向前弓出，使弓出之膝蓋與小腿略向前傾，以膝不過腳尖為度，加強前撐力。這樣一蹬一撐，即不丟頂，更顯得下盤有力而穩健。

注意前小腿與膝蓋，如果呈垂直狀，則撐勁施展不出來，而後腿也蹬不出勁來。如果膝蓋過了腳尖，就會失去重心而後腿使不出勁來。惟有使小腿與膝蓋略呈傾斜，以膝不過腳尖，才能充分發揮蹬撐兩勁比較完整的力量。

5. 左掤與右掤：左掤為單手掤，右掤為雙手掤。所謂掤，在此是指以臂之掤勁將對方擊來之拳或掌架起，使其不得接近，但為什麼左掤的左弓步上身呈正直形狀，而右掤之右弓步的上身卻成傾斜狀呢？在這裏需要說明一下：

由於人體結構不同以及拳勢與拳法的要求也不同，雖都屬同一弓步，如果屬順勁，當上肢兩臂伸出，均為同一

方向者，而軀幹則呈傾斜狀，這時的軀幹與下肢構成整體，就有助於上肢力量的增強，也就是人們常說的橫撐抗拒力，立木頂千斤。

如果不是同一方向而是異向的（有上下的，也有前後的），比如拳勢中的左掤，上肢兩臂是分上下的，而單鞭和扇通臂是分前後的，以上幾個勢子都是屬於異向的。由於方向的不同（這主要是因拳法要求的不同及人體構造的不同特點造成的，這是客觀存在的），所以軀幹和下肢，只能以腰為界，保持上身中正，不偏不倚，兩者兼顧了。如果上身呈傾斜狀，勢必顧此失彼，則不得力，而正直則得力，是兩者兼顧統力合作之故。

關於以上所講幾勢，請學者最好參看楊公澄甫拳照，或個人親自體驗一下。

6.忌臀部突出，在屈腿下蹲時，請注意收臀部，尤其是體形較肥胖的學者，更應注意。這不僅只是外觀不雅，主要是不得力，不舒適，容易憋氣。當然也不是說體形瘦小的學者就可以不注意收臀。實際上胖人瘦人都一樣，凡是不符合要領要求的形象都不會好看。其形象美的，動作也感到舒服，這就是順；如果不順，自然也就不會美，當然也不會舒服。

7.在做左掤之右臂極易懸肘，而左腿向前邁步時，往往偏向右側。在做右掤時，左肘易於懸肘，而右腿向前邁步時，往往向左側。這就需要注意沉肩墜肘和腰胯的放鬆。

圖15

圖16

攦（挒）

動作9：以腰帶動，由正前方向右轉體45度，使兩臂逐漸翻轉，變兩手掌心側相對，右手側向外，左手側向裏。面向西北（圖15）。

動作10：仍以腰帶動，兩臂隨體由右側經過正前方，攦至左側45度處，同時逐漸將重心移至左腿坐實，變右腿為虛步，面向西南（圖16）。

口訣：身向右轉，翻動兩臂，右臂外旋，屈臂坐掌，至右側45度，由右向左，至左側45度，重心坐在左腿上。

要點：

1.兩臂轉動作攦式時，必須隨同轉體逐漸翻轉兩臂，

注意右臂外旋，左臂裏翻，邊走邊轉，帶動兩手變轉，手與臂不應分別各自行動，一定要協調一致，並配合上肢，做到上下相隨，方為適當。

2. 這裏著重談談兩臂腋下（俗稱胳肢窩），當兩臂在運轉過程中，尤其做收式，或後坐式，往往臂貼身，夾著胳肢窩。這樣既不舒適，外觀形象也不好，尤其易為人制，極其被動。因之，要求在行拳過程中，兩腋下必須空出大約一拳的距離，離開上身，更不能貼近上身。這樣，既可為沉肩墜肘，含胸拔背創造條件，也為轉換變動身法與手法留有靈活的餘地，不為人制。再者，從外部形象來看，顯得姿勢寬大舒展，尤其勁的內含更顯得豐滿渾厚，氣勢騰然，給人以美的感受。

過去在我們家鄉有這麼個傳說：「練拳時要求兩個胳肢窩都得夾個供養。」（供養是河北省供神的一種饅頭）這種做法，主要鍛鍊腋下與上體保持一定距離，使其留有靈活轉換變轉的餘地，從而養成良好的習慣。

3. 注意攦式轉動的方向上由正前方先至右側45度（西北角），爾後由右側經過正前方至左側（西南角），中間環弧正好是90度。注意兩個角。

擠

動作11：兩臂隨腰由左向右轉體的同時，右臂向裏屈，掤右臂，掌心變為側向裏。左臂翻動向內轉，變掌心側向外，搭在右小臂近腕處，略離掌跟（圖17）。

動作12：在轉體搭臂的同時，用後腿向前蹬出，將重

圖17　　　　　　　　　　圖18

心逐漸移向右腿，成右弓步，左腿蹬直。兩臂也隨腰向前擠出。面向正西（圖18）。

口訣：屈右臂，翻左掌，左手搭住右小臂，向前擠出，弓出右腿。

要點：

1. 向前擠時，肩不要聳起，臀部不要突出，右臂之裏屈仍應含有掤意。

2. 左手搭右小臂，應緊貼右小臂。這裏所說的緊貼，是指搭實、搭住的意思。換句話說，就是不要虛擺在右臂上。有人在做此動作時，甚至左手連右臂都不挨，這是不宜的，應在右臂上搭好，以助其一臂之力。

擠式與右掤式在定式時之區別：擠式之左手搭右小臂，而右掤式之左手是在右小臂下方。兩者相同處是右臂

圖19

圖20

都是平屈掤式，手指略高於肘，而手與臂之外緣應形成90度弧形，手不應向裏扣，膝與肘兩者是相對的。

3. 注意上身勿挺直，應略向前，以免攔腰斷勁。

按

動作13：兩臂向左右分開與肩同寬，拳心側向下（圖19）。

動作14：用前腿蹬、後腿撐的方法，以腰帶動，使重心後移，逐漸坐實左腿。與此同時，兩肘屈，兩手收至胸前，坐兩掌，變兩掌側向前（圖20）。

動作15：兩臂隨腰向正前按出，同時逐漸將重心向右腿移動，使右腿弓出，成右弓步。面向正西（圖21）。

口訣：分開兩臂與肩同寬，重心後移屈兩肘，收兩

圖21

圖22

手，兩手至胸前，微坐兩腕向前推出，同時弓出右腿。

要點：

1. 兩臂屈肘向胸前收時，應注意含胸，上身不應出現前俯後仰。

2. 兩臂之一收一伸，不宜直來直去及僵硬和軟塌。

3. 兩手向胸前收時，應隨體後坐，由上而下至胸前微坐兩掌向前推出，掌心側向前。在兩手至胸前坐掌時，似環一小弧，但不是有意識地環一弧形，更不應有意識地環一又寬又大的弧形。這樣做是不宜的。楊氏太極拳之功架素以舒展寬大著稱，但也是有一定範圍的，如果出了圈，就會失去緊湊，應該是開展當中求緊湊，緊湊當中求開展，以適當為好。

4. 做好整體協調，關鍵在兩腿之蹬撐，請注意體會。

圖23　　　　　　　圖24

第4式　單　鞭

動作1：兩小臂略向下沉，使兩手放平，向前引長，掌心向下，重心向後移坐左腿，使右腳掌微離地面（圖22）。

動作2：左臂微向裏屈，手向裏扣平坐左掌，掌心仍向下，做出採狀，重心仍在左腿（圖23）。

動作3：上下肢隨腰轉動，由正西向左轉體，帶動右腳向裏扣135度，同時兩臂隨腰環弧，以左臂為主在前，右臂在後相隨，手環至身後225度，左臂環至東北方向，右臂同時在胸前屈臂平坐掌，在此同時重心逐漸移向右腿坐實，左腳成虛步，腳跟離地（圖24）。

動作4：兩臂仍隨腰，由左向右往後轉身，右手由裏

圖25

圖26

向外伸出至西南角，左臂隨同向裏屈，扣腕平坐掌（圖25）。

動作5：右手鉤吊手，左臂翻向裏，掌心朝裏成掤式（圖26）。

動作6：上身不動，提左腿向正東伸出，置右腳左側。當左腳著地以後，逐漸轉體，由右側轉向正前方，右臂吊手不動，左臂由裏向外轉動，坐掌伸臂向正前方推出。左腿同時向前弓出，成左弓步。面向正東，兩眼向前平視（圖27、圖28）。

口訣：重心後移，兩手置平，右腳板微離地面。左臂平屈坐掌，腰帶扣腳兩臂環，轉過來，坐過來，兩臂環過去，鉤吊手，翻掤手，先出步，後轉身，左掌向前伸出，弓出左腿。

圖27

圖28

要點：

1. 兩臂平環弧，須隨腰轉動，兩腳也隨同腰部將重心由左腿移向右腿。兩臂環弧，先以左臂為主在前，右臂相隨，爾後又以右臂為主，向裏往後環弧，環弧時左臂相隨（注意環弧時，不宜直來直去）。兩臂之一領一隨，動作須協調，尤其右臂裏屈平坐掌時，一定要環成弧形。

2. 上身應保持中正，尤其兩腿虛實變轉過程，要逐漸變。須注意含胸拔背，鬆腰，鬆胯。臀部易突出，要注意收臀，保持軀幹的正直。

3. 在前面講過，單鞭雖屬弓步，但上身須正直，不宜向前傾斜，又由於鉤手動作的需要，上身應略向右轉體，這樣，兩臂就可以兼顧了。其上身要區別於兩臂向同一方向做出弓步時的略向前或者是正前方；而單鞭呢？由於右

吊手的方向與在正前方的左臂，兩者距離角度較大，如果
上身向正前方或者略偏右側，這都不能適應右臂吊手需
要。惟有將轉體的角度加大，這樣兩臂才可以兼顧，運用
也比較自如。因之，學者要根據不同拳勢的要求及特點，
儘量搞清楚，以免誤解。

4. 頭應隨身轉動，兩眼應隨同主手前進方向看。不能
死盯著手看，這不僅會呈呆板相，看久後會使頭腦發昏。

5. 吊手之做法：腕關節向下彎曲，順勢使小指、無名
指、中指、食指、拇指垂直合攏，手指彎曲度不宜過大，
指尖也不宜死捏在一起。其吊手下垂與掌的正坐、平扣同
屬一個意思，望自我揣摩。

6. 右腳扣轉135度，也就是轉過身來以後，右腳應隨
左腳方向相應地變為45度，腳尖所指方向是東南角。

7. 注意勁的內涵及整體協調。

第5式　提手上勢

動作1：由轉變步法，重心略向後移，使左腳掌微離
地面，而後隨腰左腳裏扣45度，再順著腳尖方向坐實左
腿，此時右腳跟微離地面，右腿相應地變為虛步。同時兩
臂均向裏翻，使兩掌心相對，兩手坐掌，右臂在前右臂
高，左臂在後左臂低，兩臂呈合意（圖29～圖31）

動作2：當左腿坐實以後，身體逐漸左移，提起右
腳，向正前邁出，落在左腳前方，腳跟著地，腳掌虛懸。
兩臂均向裏合，右臂伸展，左臂屈至右臂下方，左手置右
肘內側。面向正南方（圖32）。

圖29

圖30

圖31

圖32

　　口訣：重心略向後，腰帶左腳扣，重心向左移，提腿鬆吊手，邁步兩臂合，左手置右肘內側。

要點：

1. 提手上勢之步法，稱之為虛實步，在整個套路演練過程中將不斷出現，僅僅次於弓步。它的腳形雖仍分丁字形與八字形，但在定式時之落腳形式上與弓步是有所區別的。它是以後坐腿的形式，將全身重量落在八字步上，而丁字步分別以腳跟著地和前腳掌著地置八字、步前方。

另外，還有一點也在定式時與弓步要求有所不同，這就是兩腳之間，弓步要求中間幅度要與肩同寬，而虛實步要求是以後坐腿八字步為主，對伸出之丁字步落腳處，只要不踩在一條線上，分出左右，中間不需要幅度，如一條中心線，左腳置中心線左側，右腳置中心線右側，互不越線就可以了。提手上勢正是這種步法，而下一式之白鶴晾翅也是這種步法。

2. 當左腳裏扣，重心左移，提腿向前邁步時，身體應適應左腳裏扣之角度移動，不宜過早轉體，以免上下不協調，造成提腿感到吃力，重心不穩。

3. 兩臂之合是以腰腿帶動全身之合，以臂帶手也是對的，脫離臂的帶動，只用手合是不對的，初學者在所難免，但應注意儘量避免。

第6式　白鶴晾翅

動作1：兩臂同時翻動，右臂內旋，變掌心向前下，左臂外旋，變掌心朝上，左手仍在右小臂下方成攄狀（圖33）。

動作2：兩臂隨腰走下弧，左臂領，右臂隨，左臂由

圖33

圖34

下向上往裏屈，置右臂上方，掌心向下，兩臂相合，（圖34）。

動作3：右腳裏扣45度，重心右移，坐右腿，左手置右小臂內則，含有擠意。左腿呈虛步，腳跟離地。面向正東（圖35）。

動作4：重心右移坐實，左腳離開地面，順勢提起向正前方邁出，腳掌著地成左虛步。右臂由裏向外，由下往上，經胸前與面前屈至頭部上

圖35

圖36   圖36附圖

方，掌心向外，指向左側成弧形。左手經腹部前方向下按，置左胯旁，掌心向下，五指向前，肘尖向後。面向正東，兩眼正前平視（圖36、附圖36）。

口訣：翻兩掌上下相對，環下弧，左臂領，右臂隨，左手倒上來，兩臂合起來。扣過右腳，重心右移，提腳邁步（左腿），同時兩臂上下開，右臂翻至頭部上方，掌心朝外，左手置左胯旁邊，掌心向下，五指朝前。前腳掌著地（左腳）。

要點：

1.該勢也屬虛實步，但前腳是以前腳掌著地，這與提手上勢之腳跟著地又有所區別。右臂有上掤護面之意，而左臂亦有下沉護腹之意，兩臂形成了上下對拉的形勢，使身肢有拔長之感。

圖37

圖38

2. 注意不要挺胸和臀部突出，前腳掌著地不宜虛點，也不能作為支持重心，按定式要求兩腿之負重以三七開為宜，實腿占七成，虛腿占三成。也就是說，實中有虛，虛中有實，既避免兩腿雙重之弊，又保持了一定的靈活性。

第7式　左摟膝拗步

動作1：重心略向右移，身向右側稍有轉動，右臂內旋，掌心朝上，左臂向上屈，掌心側向下，屈至左胯前（圖37）。

動作2：右臂隨同向右繼續轉體的同時，由上向下環正立弧至右胯旁再向後45度處，即屈臂向上挑起，坐掌，掌心側向外。左臂同時向上環，屈至右胸前，掌向裏扣，掌心側向下（圖38）。

圖39　　　　　　　　圖40

　　動作3：左腿提起，微離地面，稍向左跨，向前伸出，腳跟著地。左腿屈膝弓出，逐漸成左弓步。兩臂隨同轉體由右向前，重心向前移動。在此同時左臂由上向下往前，經膝前收至左膝旁，掌心向下，五指朝前。右臂朝正前推出，伸展右臂，掌心朝前。面向正東，兩眼向前平視（圖39、圖40）。

　　口訣：翻右掌，坐左掌，腰帶兩臂環，上方臂向下，下方臂往上，屈臂坐掌。邁左腿，身向左轉，重心左移，左手膝前過，收至左膝旁，右臂向前推出，弓出左腿成左弓步。

　　要點：

　　1. 右臂之環弧，是由上向下往後，環立圓，走大半個圈，應注意放鬆，使弧形環圓，盡可能用腰部帶動，勿局

限在手上畫圈。當右手環至右胯旁，再向後環時，注意臂走側面，掌心也隨之側向外，並屈肘坐掌使小臂挑起。這樣做主要是使右肘不致抬起，如果是將右臂抬平以後再屈肘，其肘已經是懸起來了。

2. 臂之伸出，主要是擊打的意思，應隨同腰腿之帶動，將臂送出。說是送出，實際上應該是把全身的勁發放出來，這樣就必須全身放鬆，強調整體協調，不然就會局限於手的活動。

3. 當左腳微離地面，為什麼要稍向左跨步呢？因為摟膝拗步的定式步法是弓步，而弓步要求兩腳之間有一定幅度。如果不向左跨步，仍在原來虛實步的基礎上落腳，勢必下盤不穩。因之，凡遇此種步法的變轉，均需將腳向外跨，如果是弓步轉虛實步，就應該向裏收腳。

4. 當右臂向前伸出時，上身極易偏向一側，應注意身正不偏。

5. 左臀部也容易突出，注意收臀。

第8式　手揮琵琶

動作1：重心前移，後腳離地。順勢提起右腿，向前墊半步（圖41）。

動作2：右腳落地，重心後移，坐實右腿，左腿成虛步，腳跟著地，腳掌虛懸。同時，左臂向上屈置平，掌心向右，右臂屈肘，由前向後收至右胸前置左臂下方，掌心側向下。面向正東，兩眼正前平視（圖42）。

口訣：重心前移，提右腿墊半步，重心後移，右臂由

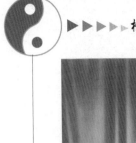

圖41　　　　　　　　圖42

前向後，左臂由下往上，屈兩肘，右手置左肘內側，同時邁出左腿，腳跟著地。前腳掌虛懸。

要點：

1. 重心移動時，注意上體的中正不偏，下肢平穩。

2. 兩臂之一起一收，均應隨腰轉動，其肩不可聳，肘也不得虛懸。右臂裏旋，才有採意，左臂外旋，方有挒意。

3. 該勢之定式與提手上勢，似一左一右，實際上是有區別的，提手上勢用的是合力，而手揮琵琶是左挒右採，主要是用法的要求不同，另外勢與勢銜接變轉的過程也不相同。

圖43

圖44

第9式　左摟膝拗步

動作1：向右轉體，兩臂翻動，左臂內旋，掌心側向下。右臂外旋，掌心側向上（圖43）。

動作2：繼續向右轉體，右臂屈肘，坐掌。左臂向下屈肘扣掌置右胸前（圖44）。

動作3：左腿提起，向左跨出落腳，用腳跟著地。身向左轉，重心左移，兩臂也隨之轉動（圖45）。

動作4：轉體至正前方，同時左腿逐漸弓出成左弓步。兩臂隨之轉動，左臂由後向前往下，經膝前收至左膝旁，掌心向下，五指朝前。右臂向前推出，伸展右臂，掌心朝前，面向正東，兩眼正前平視（圖46）。

口訣：*左臂上環，右臂下環，屈臂坐掌，左腳跨出。*

圖45

圖46

身向左轉，重心左移，左手膝前過，右臂正前伸，弓左腿，左手在左膝邊。

　　要點：

　　1. 此摟膝拗步與白鶴晾翅接轉之左摟膝拗步，雖然同屬左摟膝拗步，動作做法以及姿勢要求基本上一樣，但由於兩者在接續處的差異，因之也就略有不同了。白鶴晾翅接轉左摟膝拗步，其右臂是由高處接轉的，自然也就只能由高處向低處環臂了。而手揮琵琶接轉左摟膝拗步之兩臂，均屬中部，兩手雖有上下之分，但上方臂仍可向上環，下方臂也可向下環，這與白鶴晾翅在接轉處是有所不同的。但兩者並不矛盾，當白鶴晾翅下接之環臂，由上向下至右胯旁時，兩者也就一樣了。

　　2. 注意運用整勁。所謂整勁，必須以腳為根，其根在

腳，以腰為主宰，上下內外配合一致，也就是手眼身法步的密切配合。

3. 左臂由後向前往下經膝前收至左膝旁以及右臂右掌的擊出的具體動作，注意分兩步走：

第一步，左臂隨同轉體由後向前往下，主要體現出採的手法，走化的內容是將對方擊來之掌或腳引開；第二步，即上身轉體進入正面，而右臂右掌也已由側面隨體轉入正面，形如張弓待發之勢，此時之右臂右掌當即向前發出，而左臂左掌由前而後收至左膝旁，正是相應的配合，一收一發，渾然一體，才尤為壯觀。

第10式　右摟膝拗步

動作1：重心略向後移，用腰帶動，使左腳向外撇出45度，左臂提起使左掌置右臂肘腕之間，掌心向上，右掌略坐腕（圖47）。

動作2：重心前移，使右腳跟離地，兩臂環弧，右臂在上向上環弧，左臂在下向下環弧，身向左側45度處轉體，當左臂屈肘坐掌，右臂環至胸前時，左掌心側向外，右掌心側向下，面向東北角（圖48）。

動作3：左腳坐穩，右腳隨即離地向正前方邁出，

圖47

圖48

圖49

腳跟先著地，腳掌虛懸（圖49）。

動作4：由左向右前轉體，帶動右腿逐漸弓出，成右弓步。帶動右臂由後向前往下經右膝前，收至右膝旁。左臂坐掌向前推出，掌心側向前。面向正東，兩眼正前平視（圖50）。

口訣：重心略向後，腰帶左腳開（向左撇出45度），重心前移，兩臂環起，上方臂向上環弧，下方臂向下環弧。提腿邁步（右

圖50

腿）中間不要停留。屈臂坐掌，身向右轉，弓出右腿，右手膝前過，收至右膝旁，左臂正前伸。

要點：

1. 當重心略向後移左腳撇出，左臂屈肘，將左手置右臂肘腕之間時，其狀如同攬勢，在此基礎上，兩臂環弧，注意上方臂向上環弧，下方臂向下環弧，各環各的弧，同時重心前移，提右腿向前邁步，中間不要停留。此式除在接續處稍有不同，當由轉換步法，撇出右腳，左手置右臂肘腕之間以後，就基本上相同了。在做左摟膝拗步時，環臂坐掌轉體之方向，自然也就是左側45度了。

2. 在轉換步法變換腳形時，請注意重心略向後移，使前腳略有鬆動即可，以免硬撐，呈呆板相。但也不宜為轉換而轉換，大幅度地向後坐腿。所謂變轉虛實，以輕靈自然為宜。

3. 重心要穩定。重心不合適就會失去平衡，支撐不穩，勢必搖晃，所以太極十三式中，最後一項說的「中定」主要是指重心說的。重心問題是非常重要的，它能影響整個套路完成的整體性，以及每個動作、每個姿勢的準確程度，兩者有著不可分離的聯繫，因之一定要解決好。

如何才能掌握好重心呢？過去在做法上要求「腳踩湧泉穴」就可以保持下肢的平穩。湧泉穴的部位在腳心，如果能以腳心為中心點，將整個腳底板踩平，就會使下肢穩定。但在演練過程中，您如果稍加留意，就會發現，每當屈腿下蹲時，膝蓋所屈方向與腳的八字步方向一致了，就會感到非常平穩而且有勁，協調性也好，內心自然也就會

感到非常舒適。可是每當屈膝下蹲，膝蓋與腳的方向不一致時，就會出現下肢不穩，身體搖晃，並且在做動作時感到非常吃力，協調性差，情緒受影響。

以上情況的出現，說明膝、腿、腳三者之間的關係，一定要協調一致，為下盤的穩固奠定基礎。不然，三者各行其道，自會給下肢的穩定造成困難。所謂「順則隨」，不順自必不穩。

再者，在演練過程中，式與式之間的銜接，轉換角度之大小，都需要相互之間的配合，尤其是上一式為下一式創造條件就顯得更加重要了。例如由左摟膝拗步接轉右摟膝拗步，按正規做法其左腳應該首先由轉換步法，使左腳變換腳形，由丁字步變為八字步，將左腳向左撇出45度，這樣，左腿順著左腳所撇出的方向極其自然地屈膝下蹲，把重心移在左腿上坐實，而後右腿就可以極其便當地直接邁入正前方做出弓步。如果在上一式變換腳形時，其所撇出之角度不是45度，而是少許大於45度或小於45度，這樣還不致影響動作之轉變，如果過大或過小，就會影響到步法和身法的轉換，也就會出現下盤的不穩，身體搖晃，影響動作和姿勢的準確程度，不僅演練者感到吃力，尤其對情緒的影響更為重要。因之，在演練過程中，上一式一定要為下一式創造條件，相互配合，彼此照顧，為穩定重心做好動作是絕不可忽視的。

第11式　左摟膝拗步

動作1：重心略向後，腰帶右腳開，向外撇出45度，

圖51　　　　　　　　　圖52

身向右轉，右臂提起，使右掌置左臂肘腕之間，掌心側向上，左臂坐掌，掌心側向外置左胸前（圖51）。

　　動作2：重心向前移動，順勢提起左腿向正前方邁出，腳跟著地，腳掌虛懸。與此同時兩臂隨同向右側轉體，左臂在上向上環弧，置胸前，掌心側向下。右臂在下向下環弧，屈臂坐掌，掌心側向外（圖52）。

　　動作3：由右向左前方轉體，同時左腿逐漸弓出成左弓步。兩臂亦隨之轉動，左臂由後向前往下，經膝前收至左膝旁，掌心側向下，五指朝前。右臂向前推出，伸展右臂，掌心朝前，面向正東，兩眼正前平視（圖53）。

　　口訣：重心略向後，腰帶右腳開，重心前移，兩臂環起，上方臂向上環弧，下方臂向下環弧，提腿邁步（左腿），中間不要停留，屈臂坐掌，轉身（向左），環膝（左

圖53

手），推掌（右掌）。

　　要點：

　　此式與右摟膝拗步相同，唯左右之分，其要點相同，可參照習練。

第12式　手揮琵琶

　　動作和要點與第8式之「手揮琵琶」相同（參照圖54、圖55）。

第13式　左摟膝拗步

　　動作和要點與第9式之「左摟膝拗步」相同（參照圖56～圖59）。

　　口訣：兩臂環起，上方臂向上環，下方臂向下環，屈

圖54

圖55

圖56

圖57

臂坐掌，左腿萬出，身向左轉，重心左移，弓出左腿，左臂膝前過，收至左膝旁，右臂向前推出。

圖58 　　　　　　　　圖59

第14式　進步搬攔捶

動作1：重心略向後移，用腰帶動左腳向左撇出45度。身向左轉，左臂屈肘使左手置右臂肘腕之間，掌心側向上。右掌略坐腕。形如攦狀（圖60）。

動作2：重心向前移動，順勢提起右腿離開地面。兩臂隨同向左轉體，均環下弧。左臂至左側45度處，即屈肘坐掌。而右臂置胸腹之間並逐漸握拳，拳心側向裏提右腿向正前邁步，以腳跟著地，腳尖外撇（東南角）（圖61、圖62）。

動作3：身向右轉，重心向右腿移動坐實，左腿呈虛步，腳離地面。兩臂隨體向右轉，左臂坐掌向前推出。右臂逐漸挎拳，拳心朝上，拳眼朝外。面向正東，兩眼平視（圖63）。

圖60

圖61

圖62

圖63

動作4：左腿邁出，左腳落地，前腳掌虛懸，左掌同時伸展，掌心向前。右拳挎至右胯旁，拳心朝上，拳眼朝

圖64　　　　　　　　　圖65

外。面向正東，兩眼正前平視（圖64）。

　　動作5：重心向左腿移動，踩平左腳，弓出左腿，成左弓步。兩臂隨同腰腿，由右向左往前，同時將右拳裏旋，變拳面向前、拳眼向上向正前伸出，而左掌由前收至右小臂內側。身向正東，兩眼平視（圖65）。

　　口訣：重心略向後，腰帶左腳開（向左45度），重心前移，兩臂環下弧，提腿邁步（右腳），中間不要停留，兩臂環至左後，右手握拳，右腳向右撇出，身向右轉，重心右移，右拳環上弧，翻腕搬，左臂相隨，邁出左腿。左臂伸出，右手拷拳。弓左腿，收左掌，右拳伸出。

　　要點：

　　1. 搬攔捶，是以右手握拳為搬，左手坐掌為攔。搬又分俯腕搬與翻腕搬兩種；向左往下者為俯腕搬，而由下向

上往外用拳背向前擊打者，稱之為翻腕搬。用拳面正面擊打稱之為捶，故統稱之為搬攔捶。

2. 搬攔捶之步法是連續步，因之該式之完成，中間還要由再次上步才能完成。但需要注意的是當右腿提起向前邁步落腳時，必須將右腳向右外撇出，目的是為左腳之上步創造條件。而右腿的邁步不宜過大，只要能夠伸出，置左腳之右側即可，也不需要向右橫跨大步。

3. 此式動作較多，因之需要注意相互之間的配合。如當右腳落地以後隨即將重心移至右腿，變左腳離地成虛步，緊接著提左腿上步，並同時完成左掌之推出，右手之挎拳，以及最後弓腿，出拳、收掌。

以上各動作都得協調好，不然就會相互脫節。動作失調，拳勢也就必定散亂。

4. 拳的握法：太極拳對上肢的要求是「沉肩、墜肘、坐腕、舒指」。其中所謂「坐腕」，不僅說的是掌，它還包括吊手和拳。

拳的握法要求食指、中指、無名指和小指都是裏屈握實，而拇指置食指外側，拳面要平。如果是正面拳，則拳面向前，拳眼向上。拳心向下為俯腕拳。拳背朝外為翻腕拳。又如，裏扣拳，拳心向裏；反扣拳，拳心向外。這些拳形均屬坐腕範疇，雖各自表現形式不同，但有一點——都得坐腕。如果不坐腕則不得力。

關於拳的握法在上面已經談到了，還必須注意，握拳如果用力過大，把勁局限在拳頭上，就是自己跟自己過不去，白費勁。所謂空心拳，實際上不能稱之為拳，因它不能起到

圖66

圖67

拳的效用。至於掌的表現形式，與拳類似，但都必須坐腕。所謂練拳，具體體現在手上，如果練拳不坐腕，其手必下垂，垂者如人之垂頭喪氣，無精打采，全然不得力。因之對坐腕之作用，不應忽視。

第15式　如封似閉

動作1：左臂裏屈，掌心向內，再轉向上，屈至右大臂下方。右臂由正前略左翻，由拳變掌，掌心向上，重心開始右移（圖66）。

動作2：重心逐漸後移，坐實右腿，身向右側轉，右臂由前收至右胸前，掌心側向裏。左臂沿右臂下方逐漸使肘尖下墜，左手收至左胸前，掌心朝裏（圖67）。

動作3：兩臂由右向左隨腰轉身，同時兩臂均向前

圖68

圖69

翻，變掌心朝前，重心開始由右腿移向左腿，做出右腿蹬左腿撐之勢（圖68）。

動作4：兩臂隨腰，重心逐漸向前移，弓出左腿，成左弓步，同時兩臂向正前按出。面向正東，兩眼正前平視（圖69）。

口訣：翻左掌，鬆右拳，重心右移，兩臂環起，前往後，裏朝外。身向左轉，兩掌坐起，兩臂隨同弓腿，向前伸出。

要點：

1. 當兩臂交叉，右臂向後收時，注意右臂不要貼身，需與腋下保持一定距離，大約一拳。也勿前俯後仰。

2. 兩臂向前按出，注意上下相隨。上身略向前，收臀部，兩臂應屈肘，勿硬挺。

圖70

圖71

第16式　十字手

動作1：兩掌微向裏合成弧形，重心逐漸向後移，身略向右轉（圖70）。

動作2：用腰部帶動，轉體向右，使左腳裏扣90度，重心坐在右腿，左腳直指正南，兩臂同時由上向下，向左右兩側分開，右臂略在前，左臂略在後，兩掌心側向下，面向西南角，兩眼平視（圖71）。

動作3：重心移左腿，使左腿坐實，右腿呈虛步，右腳跟微離地面。兩臂繼續下環，兩掌隨臂翻動，掌心向裏（圖72）。

動作4：左腿坐穩，右腳提起，收至左腳右側，腳尖裏扣與肩同寬，腳趾朝前，兩腳踩成馬步。當右腳落地

圖72

圖73

後，即將重心逐漸移至右腿，兩腿同時坐實。兩臂隨同腰腿之變轉由兩側向下往裏，交叉相合，成斜十字形，掌心均朝裏，兩掌合於胸前，右掌在外。面向正南，兩眼向前平視（圖73）。

　　口訣：兩手搭弧，重心後移，兩臂左右分，身向右轉，重心右移，左腳裏扣，重心倒在左腿上，收右腳踩馬步，兩臂掤起。

　　要點：

　　1. 兩臂左右分，雖是大開大展，但不宜太高，以防兩肘懸起。

　　2. 注意收攏右腳以後，即踩成馬步。臀部容易突出，注意收臀，但不能挺胸。兩臂交叉合攏以後，注意肘尖下沉外撐，兩臂掤圓。

圖74

圖75

第17式　抱虎歸山

動作1：重心略向右移，左腳裏扣，坐實左腿，右腳呈虛，身向右轉（圖74）。

動作2：左臂向下環弧，屈肘坐掌。右臂內旋置胸前，掌心側向下（圖75）。

動作3：提起右腿，向西北方向邁出，腳跟先著地，腳掌虛懸（圖76）。

圖76

動作4：兩臂隨同向右轉體，右手由左向右經膝前收至右膝旁，掌心朝下，五指朝前。左臂隨即向正前推出，掌心向前。同時右腿隨腰向前

圖77

圖78

弓出，成右弓步。面向西北，
兩眼正前平視（圖77）。

　口訣：重心略向右，腰帶
左腳扣，坐左腿，環左臂，翻
右掌，提腿邁步，轉身，弓
腿，環膝，推掌。

　口訣（攦）：重心後移，
右臂搭出，左手置右臂肘腕之
間成攦狀（圖78）。

　口訣（擠）：屈臂，搭
臂，轉身，弓腿，擠出（圖
79、圖80）。

圖79

　口訣（按）：分開兩臂，屈兩肘，重心後移，收兩

圖80

圖81

圖82

圖83

手，掌心側向下，兩手到胸前，微坐兩掌，掌心側向前，
弓腿，兩臂平伸（圖81～圖83）。

圖84

圖85

要點：

該式動作基本上與右摟膝拗步相同，只是在用法要求上有所不同。它還包括攦、擠、按三式，其動作和要領要求與攬雀尾中之攦、擠、按三式相同，惟面向西北，為斜方向。

第18式　肘底看捶

動作1：肘底看捶之過渡動作，其做法與單鞭過渡式基本相同（圖84～圖87）。

動作2：當右腳變換腳形

圖86

圖87　　　　　　　　　　　圖88

以後，兩臂也環至右後。如做單鞭時，右手即做鉤吊手，而肘底看捶不鉤吊手，而是坐掌。左掌則外旋，掌心向裏，掤起左臂。左腳呈虛步（圖88）。

動作3：提左腿向左前邁步，左腳跟著地，腳趾東南，重心左移，成左弓步（圖89、圖90）。

動作4：重心繼續前移坐實，使右腿呈虛步，腳離地面。身向左轉，兩臂向左右兩側展（圖91）。

動作5：四肢隨腰向左轉體，使右腿向右橫跨半步，將右腳置左腳右後。重心向後移，左臂下環，右臂平屈（圖92）。

動作6：重心後移坐實，使左腿成虛步，腳跟著地，腳掌虛懸。左臂由下屈肘用掌向上托起。右手握拳，拳向裏扣，拳眼朝上，拳心向裏置左肘下方。面向正東，身偏

圖89

圖90

圖91

圖92

圖93　　　　　　　　　　圖94

右側45度。兩眼向前平視（圖93）。

口訣：重心後移，兩手置平，右腳板微離地面。左腕平屈，轉身，環臂，扣腳。扣過來（右腳扣135度），坐過來（坐右腿），兩臂環過來，不鈎吊手，坐起掌來，左手翻過來（掌心向裏），左腿邁出去，重心移過去，腰帶，使右腳向右橫跨半步。重心後移，左臂下環，右臂平屈。坐好腿（右腿），邁出去腿腳跟著地（左腿），左掌托起右手握拳置左肘底。

要點：

1. 肘底看捶之過渡動作與單鞭之過渡式相同，雖上式基礎是斜方向，但並不影響其動作。

2. 注意整體協調。當轉體跨步以後，重心後移，左臂下環，右臂平屈以及坐好右腿，邁出左腿，左掌托起，右

圖95

圖96

手握拳置肘底，以上諸動作都得按照程序，相互協調，同時完成。如失去整體協調，則散亂了。

3. 肘底看捶是將對方臂托起，在其腋下以拳擊之。因之左手之托掌，右手之拳都必須坐腕。尤其右拳之裏扣，還應注意右肘的外撐掤圓。另外仍應注意臀部勿突出。

第19式　右倒攆猴

動作1：右手鬆拳變掌，向下置於右胯旁，掌心向上。左掌外旋，掌心側向上。重心右移（圖94）。

動作2：右臂向右後環，屈肘坐掌（圖95）。

動作3：提起左腿，向左後撤步，腳掌落地（圖96）。

動作4：身向左轉，重心後移，坐實左腿，順勢將右腳轉正。與此同時，右臂隨腰，坐掌向前擊出。左臂順勢

圖97　　　　　　　　圖98

收至左胯旁，掌心朝上。身偏左側45度，面向正東，兩眼正前平視（圖97）。

　　口訣：鬆右拳，翻左掌，右臂環起，重心右移，屈臂坐掌。撤左腿，身向左轉，重心左移，右腳裏扣，右臂向正前推出，左臂收至左胯旁。

　　要點：

　　1. 倒攆猴之動作是向後撤步，人們不大習慣，因之，落腳點應該做到心中有數，不然就會影響動作的正確與姿勢之規範。最好在撤步時，上身先不要動，使左腳成直線向後撤步，當左腳將要著地之前，將左腳向外撤出，做出八字步，這樣就不致偏離中心，後坐腿自會穩妥。如果上身在撤步之前有所轉動，就會使左腳偏離中心，落腳點非左即右，勢必影響動作之準確程度，望學者注意體會。

圖99　　　　　　　　圖100

2. 倒攆猴動作固屬退勢，但退中有攻，並在撤步的同時以掌擊打對方。因之，這一掌之伸出，應該把擊打的意思表達出來，是擊打，不是擺出去，請注意這一掌。

3. 此勢臀部也易突出，要注意收臀。

第20式　左倒攆猴

左倒攆猴之動作與右倒攆猴之動作基本上是相同的，只是在肘底看捶下轉右倒攆猴時，右手是握拳的，當變掌下行至右胯旁，也就一樣了。只是一左一右之別。請參照圖98～圖100。

口訣：環左臂，翻右掌，重心左移，屈臂坐掌。撤右腿，身向右轉，重心右移，擺正左腳，左臂向前推出，右臂收至右胯旁。

圖101　　　　　　　　　圖102

第21式　右倒攆猴

　　動作見圖101～圖103，其要點與第19式相同，請參照習練。

　　口訣：*翻左掌，環右臂，重心右移，屈臂坐掌。撤左腿，身向左轉，重心左移，右腳裏扣，推出右臂，左手收至左胯旁。*

第22式　斜飛勢

　　動作1：兩臂向左下環弧，左臂領，右臂隨。左臂向內旋，小臂裏屈至胸前，掌心向下。右臂環至腹部前方，掌心向上。兩臂相合（圖104）。

　　動作2：坐實左腿，提起右腿（圖105）。

　　動作3：右腿向右後135度處伸出，腳跟先著地（圖

圖103

圖104

圖105

圖106

106）。

　　動作4：四肢隨腰，由左向右轉體，移動重心，逐漸弓

圖107　　　　　　　圖108

腿，成右弓步。同時帶動左腳裏扣。兩臂同時分上下展開，左臂扣掌呈採狀置左胯前，掌心側向下。右臂由下而上展開，掌心側向上，面向西南角。眼視右掌前方（圖107）。

　　口訣：兩臂環下弧，倒手兩臂合，右腿向右後邁出，轉身兩臂開，左腳裏扣。右掌在右上方，左掌在左胯前。

　　要點：

　　1. 該勢轉體幅度較大，同時兩臂也是大開大展，不易掌握重心。因此必須注意，左腿在整個轉體過程中，不得失重，否則就會造成身法散亂。

　　2. 右腿由正前方向右轉體出腿時，應注意鬆胯、圓襠，不要弓腰、撐腿。

　　3. 左腳裏扣，隨同轉體以及兩臂上下展的同時，必須相互協調，否則不易轉動。

圖109 　　　　　　　　　　　圖110

4. 右臂展開，右掌也同時向右斜上方放展，其掌不要彎曲以及軟塌，更不要以手背出之。注意左手坐腕伸指裏扣。

第23式　提手上勢

動作1：重心向前移，使左腳微離地面，並將腳向外撇出（圖108）。

動作2：重心逐漸左移，使左腿坐實，右腿呈虛步，兩臂同時用肘向左右兩側展開（圖109）。

動作3：收回右腳，兩臂向裏合（圖110）。

動作4：右腳向正前方邁出，腳跟著地，腳掌虛懸。右臂亦合至正前方，與右腿同一方向，兩者膝肘相對。左手合至右肘內側。身偏左側，面向正南，兩眼正前平視（圖111）。

圖111　　　　　　　　圖112

　　口訣：重心前移，擺左腳（45度角），兩臂左右開，右臂在前高，左臂在後低，重心後移，提腿邁步，兩臂合。

　　要點：該勢與第5式「提手上勢」在做法上、要領要求以及要點上基本相同，只是在勢與勢接轉處稍有不同。前式是由「單鞭」轉，這是由「斜飛勢」轉。因之，須注意（圖108）之轉變動作，主要是左腳外撇，趾向東南方向以後，右腿就可以向正南方向邁步了。如果左腳原地不動，勢必影響到提手上勢姿勢之正確。因之必須改變原斜飛勢後腳之八字步的方向，看起來只是稍許撇一下腳，是小動作，但它也能影響整個套路演練之完整性，不應忽視。

第24式　白鶴晾翅

　　動作與第6式「白鶴晾翅」相同，請參照習練（圖

圖113

圖114

圖115

圖115附圖

112～圖115、附圖115）

口訣：與第6式相同。

圖 116　　　　　　　　　　　　圖 117

第 25 式　左摟膝拗步

動作與第 7 式「左摟膝拗步」相同，請參照習練（圖 116～圖 119）。

口訣：與第 7 式相同。

第 26 式　海底針

動作 1：重心向前移動，提腿墊半步，右手腕向下屈（圖 120）。

動作 2：右腳落地即將重心移向右腿坐實，左腿呈虛步。兩臂隨腰由前向右轉體，在右腿後坐的同時，右臂由前往上向後提至右側，虎口向上，掌心向左。左臂相應地抬起，置左腿上方，掌心向下（圖 121）。

圖118

圖119

圖120

圖121

動作3：坐實右腿，左腳略向裏收，成左虛步。右臂隨同轉體由後向前，順勢折腰下沉，手腕向下扣，掌心向

左，指尖朝下。左掌相應地置左胯旁，掌心向下，手指朝前。面向正東，眼看右手前方（圖122）。

口訣：重心前移，提右腿墊半步，右手向下扣。重心後移，右臂由下向上往後提起。坐好右腿，擺正左腳，右臂由後向前往下折腰下沉，左手攔在左胯旁。

圖122

要點：

1. 該勢之一提一沉，均應以腰帶動，如果只是臂的起落，這是不相宜的。

2. 所謂折腰下沉，是在鬆腰鬆胯的基礎上的折腰，但這與臀部突出的彎腰是有根本區別的，望識別。

3. 右臂之提，注意肘勿懸起。

4. 左臂動作主要是相應地起落，雖然沒有什麼具體動作，但也不應不動，呈呆板相。

第27式　扇通臂

動作1：上身抬起，向右略轉身，右臂逐漸由下向上，同時由裏向外翻動，抬至頭部右側，掌心朝外。左臂屈肘，左掌搭在近右腕處，掌心朝外（圖123）。

動作2：提左腿，向正前方邁出，逐漸成左弓步。同時，兩臂一前一後拉開，右掌至右額角上方，左臂坐掌向

圖123　　　　　　　　　　圖124

正前伸出，掌心側向前。面向正東，身偏東南，兩眼由虎
口正視前方（圖124）。

　　口訣：抬上身，翻右臂，左手搭住右小臂。坐好腿
（右腿），邁出去腿（左腿），弓腿（左腿），兩臂前後
張，左臂在正前方，右手置右額角上方。

　　要點：

　　1.左腳提起向前邁步之落腳點應略向左跨，以免弓步
兩腳走成一條線，下盤不穩。

　　2.當抬起上身邁步時，右腿應坐實，不能使整個身子
站起來。右掌置右額角上方，不要擋住自己的臉。右臂雖
在上方，也應沉肩墜肘，否則，聳肩抬肘就會使右臂出現
斷勁，與其他部位脫節。

　　3.該勢之弓步，由於用法等要求的不同，兩臂是向前

圖125

圖126

後張，因之，上身不宜略向前，應該是正的，軀幹也應偏向右側，以便兩臂均能向前後張開。

第28式　轉身撇身捶

動作1：重心後移，用腰帶動由左向右轉體。左腳隨同轉體裏扣135度。在轉體扣腳過程中，逐漸將重心移在左腿上坐實，同時，右腳呈虛步，腳跟離地，腳掌著地。左臂裏屈，呈弧形置頭部上方，掌心向外。右臂內旋掌心向下，由上向下，呈弧形沉至腹部前方（圖125）。

動作2：右手握拳，拳向下垂，身向右轉的同時提起右腿向正前方邁出（轉體共180度），面向正西。左臂亦隨之沉落，坐掌至左肋旁，掌心側向前。右臂也由腹部前方向上往前，用拳背向前往下撇出，拳背向前，拳心向

圖127

圖128

裏。面向正西，兩眼正前平視（圖126、圖127）。

動作3：重心右移，弓右腿，成右弓步。同時，右臂由前向下，成弧形收至右胯旁，拳心朝上。左臂向前推出，掌心側向前。面向正西，兩眼正前平視（圖128）。

口訣：重心後移（右腿），腰帶左腳扣，左臂屈至頭部上方，右臂掌心向下按至腹部前方。轉過來（向右轉體），坐過來（坐左腿）。右手握拳，拳向下行，由下往上，由裏朝外撇出，左臂墜下，右腿邁出。弓右腿，挎右拳，推左掌。

要點：

1.該式動作連續次數較多，也比較複雜，做時應注意協調連貫，不得將其中之過渡動作視同定勢。

2. 撇身捶之拳型是以拳背擊人，其意與「搬攔捶」之

翻腕搬近似。因之在拳的握法上，拳心向裏，扣腕，使拳背繃起，這樣才能使拳與周身有機地聯繫起來。

3. 在轉體過程中，腳應扣 135 度，趾向西南，爾後右腳就可以直接向正西邁出。如果轉體不夠，其腳不能扣向西南，而下一步邁出就會感到困難，上體也是這樣。因此，扣腳之度數，對身法之中正，以及與其他部位的配合，都有著極其重要的穩定基礎的作用，基礎穩固了，運轉自會輕靈圓活。

第29式 進步搬攔捶

動作1：重心左移，右腿呈虛步，身向左側轉，右臂翻拳，拳心側向下，隨同轉體將拳由下向前往上扣出。左臂外旋，屈肘掌心側向上，置右臂內側下方成搬狀（圖129）。

動作2：重心左移，右腳呈虛步，右手握拳隨同轉體由前向左往後環下弧，當翻腕向上時左臂亦隨同環下弧，並屈肘向上（圖130）。

動作3：左腿坐實，右腳向右撇出45度落腳。重心前移，向右轉體，坐實右腿，左腿呈虛步，腳離地面。兩臂隨同轉體均環上弧。右手翻腕外搬，使拳置右胸前，拳背朝外。左臂相隨，坐掌置左胸前，掌心側向前，兩臂彎曲（圖131）。

動作4：左腿邁步，置正前方，腳跟著地，腳掌虛懸。與此同時左掌向前推出，右臂由前向後屈肘，將右拳拷至右胯旁，拳心朝上，拳眼向外。面向正西，兩眼正前平視（圖132）。

圖129

圖130

圖131

圖132

動作5：左腿逐漸弓出，成左弓步。右拳向前擊出，拳面向前，拳眼向上。同時收回左掌置右小臂內側，左掌

坐，掌心向右，指尖朝上。
面向正西，兩眼正前平視
（圖133）。

口訣：重心後移（坐左
腿），翻拳翻掌，右拳扣
出，左手置右肘內側。搬過
來（俯腕搬），拳心向下，
坐過來（左腿），提腿邁步
（右腿），搬過去（翻腕
搬，拳背朝外，重心移向右
腿），兩臂開，右手挎拳，
左掌推出，同時邁出左腿。
弓左腿，收左掌，右拳伸出。

圖133

要點：

1. 圖129之勢與坐腿搋式極似，惟一拳一掌之別。握
拳之右手應隨同重心的左移，順勢翻拳坐腕，拳心向下，
向前扣出。同時左手外旋，掌心向上，由前而後，收至右
肘下方，勢如搬狀。

2. 在整個套路中，將出現幾種接轉搬攔捶的形式，惟
有由撇身捶接轉的搬攔捶，使俯腕搬與翻腕搬表現得最為
完整。從圖129就可以看出，俯腕搬狀是比較清楚的。而
第14式之「進步搬攔捶」是由「左摟膝拗步」接轉的，由
於接續拳勢的需要，所以俯腕搬拳就幾乎沒有出現，相比
之下，這個搬攔捶就比較完整了。

另外，對搬攔捶之拍攝，在第14式與第29式中，正

| 圖134 | 圖135 |

好拍了兩個側面，這樣，裏外動作都可以看清楚了。這兩個搬攔捶，前者是向東，而後者是向西，但都是向前走的，也沒有什麼矛盾，這對學者來說還是比較方便的。在這裏需要說明的是，這幾種搬攔捶的做法，是根據不同拳勢的接轉需要而設置的，不存在哪個好與不好的問題。

第30式　上步攬雀尾

動作1：重心略向後移，腰帶動左腳向左撇出45度。左臂外旋，掌心側向上，做出掤狀。右臂內旋，鬆拳變掌，掌心側向下。面向正西，兩眼正前平視（圖134）。

動作2：重心前移，左腿坐實，右腿呈虛步，腳跟離地。兩臂隨同腰腿，右臂下環至腹前。左臂內旋，掌心向下，置左前方（圖135）。

動作3：右腿向正前方邁出，腳跟著地，腳掌虛懸。兩臂在左側相合（圖136）。

圖5～圖21均係攬雀尾所包括的掤、擺、擠、按之動作。其過渡動作和要點與第3式「攬雀尾」之掤、擺、擠、按基本相同，惟在接續處稍有不同，在圖5～圖21中已予說明，可按照圖的次序，連接起來，參照演練。

圖136

口訣：重心略向後，腰帶左腳開，左臂掤起，右臂內旋。上步（右腿），右臂掤起，弓出右腿，做出右掤。

擺、擠、按動作與第3式相同。

要點：

1. 該「上步攬雀尾」與「起勢」後之「攬雀尾」在接續處稍有不同，「起勢」後之「攬雀尾」是做出了正式左掤一式以後，下接右掤等式。現由「搬攔捶」接轉之「上步攬雀尾」並非如前單獨出現左掤一式，而是在圖133中，以左臂外旋，掌心側向上，做出掤勢，就代表了左掤式，並非「上步攬雀尾」中不出現左掤，其掤妙在左臂之外旋一翻掌，即做出掤勢。故學者應注意該勢之接轉，做出掤式，不得忽略。

圖137

圖138

圖139

圖140

其餘要點，均可參照第3式「攬雀尾」之諸要點。

圖141

圖142

圖143

圖144

圖145

圖146

第31式　單　鞭

此式與第4式之「單鞭」動作和要點相同。可參照圖146～圖152順序習練。

口訣：與第4式相同。

圖147

圖148　　　　　　　　　圖149

第32式　左右雲手（之一）

動作1：用腰部帶動，向右轉體，重心逐漸向右腿移動坐實。左腳也隨同向裏扣90度，趾向正南。同時左臂向裏平屈至胸前，掌心側向外（圖152）。

動作2：由右向左轉體，經正前至左側45度處，重心左移，右腿呈虛步，同時帶動左臂環上弧，變掌心側向外。右手鬆吊手變掌，由上向下環弧（圖153）。

動作3：當上體向左轉動時，重心移至左腿坐實，左臂由上向下，繼續環弧，掌心向下。右臂由下屈肘向上掤起，掌心向裏。提右腳向左收半步落地，腳尖朝前與肩同寬，踩成馬步（圖154）。

動作4：重心逐漸右移；同時向右轉體，兩臂隨同轉體將右臂環至右側，左臂環至腹部前方，右掌心朝下，成

圖150

圖151

圖152

圖153

採狀。兩眼向右前平視（圖155）。

　　口訣：重心右移，身向右轉，左腳裏扣（踩馬步），

圖154　　　　　　　　　圖155

左臂裏屈。身向左轉，重心左移，左臂下環。收右腳（腳尖裏扣，內腳緣著地，踩成馬步），掤右臂，身向右轉，重心右移，右臂環下。

第33式　左右雲手（之二）

動作1：右臂外旋，變掌心側向下。左臂由下向上逐漸掤起，置胸部前方。重心逐漸移至右腿坐實。提起左腿向左跨出，先使腳尖向裏扣用內腳緣著地。兩臂在右側相會（圖156）。

動作2：當左腳著地以後，即向左轉體，重心也同時向左腿移動，逐漸坐實左腿，變右腿為虛步，腳跟離地。兩臂亦隨之繼續上下環弧，右臂上環，左臂下環（圖157）。

動作3：繼續向左轉體，坐實左腿，並將右腳向左收

圖156

圖157

半步落地，踩成馬步與肩同寬。兩臂仍上下環弧，右臂向上掤，掌心向裏，左臂向下採，掌心側向下（圖158）。

動作4：由左向右轉體至右側。坐實右腿，變左腳為虛步，兩臂隨同轉體環臂，右臂至右側成採狀，掌心側向下，左臂至腹部前方，掌心向裏。面向西南，兩眼平視（圖159）。

圖158

口訣：跨左腿，左臂掤起，身向左轉，重心左移，左

圖159

圖160

臂環下。收右腿，右臂掤起，身向右轉，重心右移，右臂
環下。

第34式　左右雲手（之三）

動作1：右臂外旋，掌心側向下，左臂由下而上，逐
漸掤起，置胸部前方。重心逐漸移至右腿坐實。提起左腿
向左跨出，腳尖向裏扣，內腳緣著地，兩臂在右側相會，
掌心相對（圖160）。

動作2：當左腳著地以後，即向左轉體，重心也同時
向左腿移動，逐漸坐實左腿，變右腿為虛步，腳跟離地。兩
臂亦隨之繼續上下環弧，右臂上環，左臂下環（圖161）。

動作3：坐實左腿，並將右腳向左收半步落地，注意
腳尖向裏扣，兩臂仍上下環弧，右臂向上，掌心向裏。左

圖161

圖162

臂向下，掌心側向下（圖162）。

　　動作4：由左向右轉體至右側。兩臂隨同轉體環臂，右臂至胸前，掌心向裏。左臂至腹部前方，掌心也向裏。面向西南，兩眼平視（163）。

　　口訣：跨左腿，左臂掤起，身向左轉，重心左移，左臂環下。收右腿，右腳裏扣（為單鞭做出八字步），身向右轉，重心右移，右臂環至右後。

圖163

要點：

1. 左右雲手是以腰部帶動四肢，向左右兩側轉動，幅度較大，因此，必須注意以腰腿帶動四肢徐徐轉動，上下左右必須協調。

2. 兩臂之轉動，有上有下，有左有右，相互交替轉動。向左轉動時是以左臂為主，身向左轉，左臂掤起，重心左移，右臂相隨，右臂環下弧，右腳向左收步。如果是向右轉動，就以右臂為主，身向右轉，右臂掤起，重心右移，左臂相隨，左臂環下弧，左腳向左跨半步，收腳與跨步，兩腳尖都必須向裏扣，落腳時也必須用內腳緣先落地，爾後再使腳板平踩地成馬步。

3. 雲手式分一左一右，兩臂均環一上弧一下弧，稱之為一個雲手式，通常是連續做三個，也可以做五個，以至一個。但按套路編排，只能做單數，不能做雙數，並且還得與套路中幾個做連續動作的勢子，如摟膝拗步，倒攆猴等相互走成一致，以適應套路編排的需要。

4. 在做雲手動作時，特別注意以腰為主帶動軀幹向左右轉動。一定要頭隨身轉至左側與右側45度處。不論是虛實交替，一曲一伸，跨步收步，都要求平平穩穩，式式均勻，不要出現起伏、波浪式的現象，應保持在一個水平線上動作。

5. 雲手動作轉體幅度比較大，分左右上下，轉動虛實是比較清楚的，尤其以腰帶腹對五臟六腑的影響就更加明顯了，鍛鍊效果非常好。但如果做得不得法，只見手動腰不動，上下波動亂擺動，這種做法，何止形象欠佳，鍛鍊

圖164

圖165

效果也不理想。

6. 在做第三個雲手收右腳時，為什麼要向裏扣腳呢？這是為單鞭做八字步準備。不然，在下一式做單鞭時，左腿之邁出，就會感到困難。為了給下一式在步法上打好基礎，為其創造條件，向裏扣腳是非常必要的。

第35式　單　鞭

動作1：當兩臂雲手至右側相遇時，右手即鉤成吊手，左手掌心向裏掤好，頭部隨體面向右側。右腿坐實，左腿呈虛步，腳跟離地（圖164）。

動作2：左腿伸出至左前方，腳跟著地（圖165）。

其他動作與第4式之「單鞭」相同。

口訣：鉤吊手，翻掤手，先邁步（左腿），後轉身

圖 166

圖 167

124

（向左前方），弓腿（左腿），推掌（左掌）。

第36式　高探馬

動作1：由左向右轉體，重心逐漸移至右腿坐實，使左腳呈虛步，腳掌微離地面。同時右臂吊手變掌伸展，掌心向下。而左掌隨臂外旋，掌心側向上（圖167）。

動作2：兩臂隨腰，轉體向左至正面，右臂裏屈，由後屈至胸前（圖168）。

圖 168

圖169　　　　　　　　圖170

　　動作3：右掌由胸前向上往前探出，掌心向下，掌緣朝前。同時左臂屈，左肘向後，使左掌收至左肋前，掌心側向上，手指側向前。左腳也隨之提起，用腳掌在正前方著地，成虛步。面向正東，兩眼正前平視（圖169、圖170）。

　　口訣：翻左掌（掌心側向上），鬆開吊手，屈右臂，右臂用掌緣探出，左臂收到左肋前，擺正左腳（腳掌著地）。

　　要點：

　　1. 向右移動重心時，必須同時向右轉體，也必須順著右腳方向將重心坐穩，左腿自然能提得起。不轉體，就會感到提腿吃力，將左腳拖回感到勉強。

　　2. 高探馬是以右掌緣向前探出（也就是擊出），因之，注意右手裏扣坐腕，不得用五指向前伸出。

　　3. 高探馬是左虛步高姿勢，與「白鶴晾翅」相同，都

圖171

圖172

是用腳掌著地，因之，姿勢較左虛步之「手揮琵琶」要高。而「手揮琵琶」或「提手上勢」都是以腳跟著地，步幅較大較長。

第37式　右分腳

動作1：四肢隨腰，向右轉體，重心右移，坐實右腿，左腿自成虛步，腳掌著地。兩臂同時平抹環弧，右臂由前向右，左臂由裏向左（圖171）。

動作2：兩臂繼續平抹環弧，左臂向前，右臂往裏（圖172）。

動作3：當重心逐漸右移，將右腿坐實以後，隨即將左腿向左側邁出，呈左斜虛步，腳跟著地。兩臂仍平環（圖173）。

圖173

圖174

動作4：兩臂環繞至右胸前時，重心已開始向左腿移動（圖174）。

動作5：重心逐漸左移，弓出左腿，成左弓步。兩臂隨同左腿之弓出，左臂環至左胸前屈肘，掌心側向裏，膝肘相對。右臂環至右前方，屈肘坐掌，掌心側向外，此時在右側做出弓步擺狀。面向東南方向（圖175）。

圖175

動作6：兩臂隨腰，向左轉體，由右側45度處，用平

圖176

圖177

128

攦，攦至左側45度處，兩
臂相合，搭成斜十字，右掌
在外，左掌在內，掌心均向
裏。面向東北（圖176）。

動作7：重心前移，站
起左腿，提起右腿，腳面略
繃（圖177）。

動作8：右腿以右腳面
向右側踢出，同時兩臂分前
後展開，兩腕微坐，兩掌伸
展，掌心均向外。右腿右臂
膝肘相對，均為東南方向，

圖178

左臂在左側展開。面向東南，兩眼正前平視（圖178）。

口訣：身向右轉，重心右移，兩臂環起（平抹圓），右臂由前向右往裏，左臂由裏往左朝前，坐好腿（右腿），邁出去腿（左腿），在左側做出弓步攦狀。攦過來（由右側平攦至左側），兩臂合起來（搭成斜十字），站起來（左腿），提起腿來（右腿）踢出去（用腳面），兩臂同時開。

要點：

1. 兩臂環弧均為平抹，各環一圓周。右臂由正前方，向右往裏，再由裏向左往前，正好是一圓周，方向坐落在東南。而左臂以相反的方向，由裏向左往前再由前向右往裏環弧平抹，置右臂下方肘腕之間，做成弓步攦狀。兩臂在整個平抹環弧過程中，上方臂（**右臂**）一直在上方，下方臂（**左臂**）一直在下方，上下不得變動。

2. 此攦狀，上肢動作與「攬雀尾」中之攦式基本相同，但下肢並非左坐腿，而是左弓步。注意膝與肘兩者是相對的，左腳尖所指方向為東北角，而軀幹和面部均向東南角。當兩臂攦至左側雙手搭成斜十字時，方向正是左斜角。踢出之右腿連同身子都是右斜角。兩眼隨體轉動均正視前方。

3. 完成攦狀的過程，是以腰為主，使整個軀幹轉動。臂與手之轉動一定隨同軀幹的轉動，不得脫離軀幹，而上肢單獨轉動，就不能體現以腰為主宰的作用了。

4. 左腿站起，是自然直立，腿不宜有意識地彎曲，但也不宜硬挺。分腳均以腳面踢出。

5. 兩臂搭成斜十字，如果踢右腳則右手在外，如果踢左腳則左手在外。

圖179　　　　　　　　　圖180

第38式　左分腳

動作1：左臂向裏屈至胸前，掌心側向外。右臂同時外旋，掌心側向上。右腿屈，腳尖自然下垂（圖179）。

動作2：坐左腿，落右腿，腳跟著地，前腳掌虛懸。方向指向東南（圖180）。

動作3：兩臂同時平抹環弧，右臂由前向左往裏，置胸前。左臂由裏向右往前，置右臂左前方。在此同時弓右腿成右弓步。兩臂在左側逐漸形成攟狀。左臂在上，右臂在下，右手在左臂肘腕之間，右肘與右膝相對（圖181、圖182）。

動作4：由左向右轉體，兩臂隨腰攟至右側，兩臂相合，搭成十字，左臂在外，右臂在裏，兩手背向外。重心

圖181

圖182

移至右腿（圖183）。

　動作5：重心前移，站
起右腿，提起左腿，左腳自
然下垂，腳面略繃（圖
184）。

　動作6：左腿以左腳面
向左側踢出，同時兩臂向左
右兩側分開放展，兩掌微
坐，掌心側向外。左腿左臂
膝肘相對，面向東北，眼觀
正前（圖185）。

　口訣：屈右腿，屈左
臂，翻右掌（右臂外旋，掌心側向上），兩掌側相對。坐

圖183

圖184　　　　　　　　　　　圖185

左腿，落右腿，兩臂環起，弓出去腿，前往後（右臂由前向左往裏），裏朝外（左臂由裏朝右往前），在左側做出弓步攦狀。攦過來（由左側平攦至右側），兩臂合起來（成斜十字），站起來（右腿），提起腿來（左腿）踢出去（用腳面），兩臂同時開。

要點：

該式與右分腳做法基本相同，是一左一右對稱的，而此式之兩臂平抹環弧時，較右式略簡單些，其餘與右式相同。

第39式 轉身左蹬腳

動作1：左腿向下屈，腳尖朝下（圖186）。

動作2：左臂裏屈，掌心側向裏，右臂外旋，掌心側向內，左腿向左前伸出（圖187）。

圖186

圖187

動作 3：以右腳跟為軸，向左後轉體135度，由東北角轉向正西，左腿屈回，腳尖向下，腳面略繃，右腿仍直立，兩臂在胸前相合，交叉兩手成斜十字。左臂在外，右臂在裏，兩手背均朝外（圖188）。

動作 4：兩臂向左右兩側分開，左臂向正西分出，掌心側向外。右臂相應地向右後東北方向分出，掌心側向外。同時，左腿以腳跟，使全腳掌向正西方向蹬出，腳

圖188

圖189　　　　　　　　圖190

尖朝上。面向正西，兩眼平視（圖189）。

　　口訣：屈左腿，翻左掌（掌心側向上），轉身兩臂合（轉向左後），提腿正前蹬（用左腳跟蹬，全腳掌出），兩臂同時開。

　　要點：

　　1. 該式是單腿向左後轉體135度，腿之虛實不變，只是方向變，因之其轉體應以腳跟為軸，腳掌微離地面，以腰帶動全身向左後轉體135度。轉身以後，右腳指向西北角，左腿的方向是正西。

　　2. 在套路中之蹬腳都是正面蹬出，蹬腳不分左右，都是用腳跟以全腳掌蹬出。而分腳是在側面，用腳面踢出，因之做分腳時，如果向右踢出，則右腳微繃腳面向對方斜踢出；如果向左踢出，就用左腳微繃腳面向對方斜踢出。

圖191

圖192

第40式 左摟膝拗步

動作1：左腿屈回（圖190）。

動作2：右臂外旋裏屈，由後向前（圖191）。

動作3：坐右腿，落左腿，腳跟先著地，重心前移，弓左腿，成左弓步。左臂由前向上往下，經膝前，收至左膝旁，右臂向下往後屈肘坐掌向前擊出。面向正西，兩眼向前平視（圖192～圖194）。

口訣：翻右掌，由後向前環大弧，屈臂坐掌（包括左臂之裏屈），坐右腿，落左腿，轉身（向左轉體）環膝，弓腿（弓左腿），出掌（右臂伸出）。

要點：該式與第7式之「左摟膝拗步」相同，請參看第10式和第11式。

圖193　　　　　　　　　　圖194

第41式　右摟膝拗步

右摟膝拗步其動作和要點與第10式「右摟膝拗步」相同。請參照習練（圖195～圖198）。

口訣：與第10式「右摟膝拗步」相同。

說明：前左、右摟膝拗步是面向正東進行的，此兩式是面向正西。

前面向正東所做之摟膝拗步，只能看到右側環孤動作，而左面動作看不到。這兩式摟膝拗步，是面向正西進行，正好可以看到左側動作，請參看。

第42式　進步栽捶

動作1：重心略向後移，使右腳向右撇出45度，即將

圖195

圖196

圖197

圖198

重心逐漸移至右腿，使左腿成虛步，腳跟離地。右臂外旋，掌心向上。左臂微向裏屈，掌心側向下（圖199）。

圖199

圖200

　　動作2：向右轉體，提左腿向正前邁出，腳跟著地。兩臂亦隨同轉體，左臂裏屈，掌心向下，置腹部前方。右手逐漸握拳，拳心向上，置右胯旁（圖200）。

　　動作3：弓左腿，成左弓步，身向左前轉體，兩臂隨之，由右向左往前，左手經膝前收至左膝旁。右臂內旋，拳面朝前，拳眼向上，向前下方折腰擊出。身向正西，眼看右拳前方（圖201、圖202）。

　　口訣：重心略向後，腰帶右腳開（向右撇出45度），重心右移，提腿邁步（左腿），右手挎拳，左臂屈至腹部前方，身向左轉，左手環膝，右拳向下擊出，拳面側向下，弓出左腿。

圖201　　　　　　　　　　圖202

要點：

1. 該式做法，其過渡式之左臂與左摟膝拗步相同，而右臂是握拳折腰下打。

2. 栽捶是向下擊打，應注意鬆腰鬆胯，以免出現駝背突臀，也不可低頭下看。

第43式　轉身撇身捶

動作1：重心向後移，上身抬起，用腰部帶動，向右轉體，左腳向裏扣135度，坐實左腿，右腿呈虛步，腳跟離地。兩臂亦隨之轉動，左臂屈至頭部上方，掌心朝外。右臂內旋，拳心向下，拳眼朝裏，坐腕，拳微向上翹，提拳屈肘成弧形，置腹部前方。身偏東北，兩眼平視（圖203、圖204）。

圖203　　　　　　　　　圖204

　　動作2、動作3：與第28
式「轉身撇身捶」之動作2、
動作3相同。只是方向不同
（圖205～圖207）。

　　口訣：重心右移，左腳裏
扣，右臂內旋，提拳置腹部
前方，左臂同時屈至頭上
方，重心倒在左腿上。提腿
邁步（右腿），撇拳、坐
臂。弓退（右腿），挎拳，
推掌（左掌）。

圖205

　　要點：與第28式「轉身
撇身捶」基本相同，惟在接轉時略有不同，一是由扇通臂

圖206

圖207

接轉，一是由栽捶接轉。由栽捶接轉主要是右臂內旋，提拳置腹部前方，直接提拳就可以了，其他都一樣。

第44式　進步搬攔捶

動作和要點：與第29式「進步搬攔捶」相同，只有方向相反。轉身撇身捶變搬攔捶之右側動作，前者是面向正西進行的，此是面向東進行。見圖208～圖212。

口訣：與第29式「進步搬攔捶」相同。

圖208

圖209

圖210

圖211

圖212

圖213

圖214

第45式　右蹬腳

動作1：重心略向後移，左腳向左撇出45度，向左轉體，即將重心逐漸移向左腿。左臂外旋，掌心側向裏（圖213）。

動作2：重心前移坐實左腿，右腿呈虛步，腳跟離地。右臂由上向下往左，環下弧，臂向裏屈，掌心向裏，兩手交叉搭成十字手，右臂在外，左臂在裏，兩手合在胸前（圖214）。

動作3：站起左腿，提起右腿，腳尖自然下垂，腳面略有繃意（圖215）。

動作4：右腿向正東蹬出，用腳跟蹬，全腳掌出，兩臂同時向左右分開。右臂與右腿同一方向，均為正東，兩

圖215　　　　　　　　　圖216

144

者膝肘相對。左臂相應地置左側45度處。面向正東，兩眼正前平視（圖216）。

　　口訣：重心略向後，腰帶左腳開（向左撇出45度），左臂掤起，重心前移（向左腿），右臂環過來，兩臂合起來，站起來（左腿），蹬出去，兩臂同時開。右腿屈回來。

　　要點：此式與第39式「轉身左蹬腳」要點相同，只是左右不同，方向不同。

第46式　左打虎勢

　　動作1：屈右腿，腳尖向下（圖217）。

　　動作2：坐左腿，落右腿，右腳向裏扣45度，腳跟著地（圖218）。

圖217

圖218

　　動作3：重心逐漸移向右腿坐實，左腿呈虛步，腳跟離地。左臂裏屈，置右臂下方近肘處，掌心側向裏，兩臂成擺狀（圖219）。

　　動作4：提左腿向正北邁出，腳跟著地，腳掌虛懸。兩臂隨腰，由右向左轉體，重心前移，腳掌踩地。左臂環弧由右向下，往左再往上。右臂環下弧（圖220）。

圖219

圖220　　　　　　　　　　圖221

　　動作5：左腿弓出成左弓步，左臂逐漸握拳，屈至左額前上方，拳眼向下，拳心向外。右臂也逐漸握拳屈至腹部前方，拳眼朝上，拳心向裏，兩拳眼相對。面向正北，兩眼正前平視（圖221）。

　　口訣：坐左腿，落右腿，右腳尖裏扣。重心右移，左臂裏屈，左手置右臂肘腕之間，形成攔狀。左腿向正前邁出，逐漸弓腿，兩臂隨腰，由右向左，由上往下環正圓弧。左臂向上屈至頭部上方，拳心向外，右臂屈至腹部前方，拳心向裏。兩拳眼相對。

　　要點：

　　1. 動作1中坐左腿，落右腿，右腳尖向裏扣45度，這主要是為左腿向正前方邁步，做好八字步準備。

　　2. 左臂環的是正圓弧，比較大，是向下往上環一圓周

的四分之三，約270度，逐漸握拳，置頭部上方。此時應注意手腕向下扣，使左臂掤圓。而右臂由上而下，逐漸握拳屈至腹部前方時，也應注意將握拳之手向裏扣，並使胳肢窩空出，肘向外撐，這樣，右臂在下方，自然也能掤圓。

3. 拳的握法與「肘底看捶」拳的握法一樣。注意撐肘扣腕，兩臂走圓，這尤其顯得該式豐滿壯觀。

4. 注意四肢隨腰轉動，上下必須相隨，尤其左腿之弓膝，更需注意速度之協調，勿先將膝挺出，盡可能不要出現上動下不動和下動上不動的情況。

5. 由圖218、圖219所示動作是逐漸完成攦狀，因此，希注意左臂所置位置。

6. 由於照像角度不同，有些動作銜接不太密切，請注意動作說明。

第47式　右打虎勢

動作1：重心向後移，用腰部帶動向右向後轉體，使左腳裏扣135度。兩臂亦隨同向後轉動。當左腳扣至135度時，重心逐漸移向左腿坐實，右腿呈虛步。兩臂由上而下置平，逐漸鬆拳變掌呈攦狀（圖222、圖223）。

動作2：提右腿，向正前方（*正南*）邁出，腳跟著地，腳掌虛懸（圖224）。

動作3：由左向右轉體，逐漸移動重心，使右膝向前弓出。兩臂也隨同環弧，右臂由上向下，左臂亦隨之下屈（圖225）。

圖222

圖223

148

圖224

圖225

動作4：右腿逐漸弓出，成右弓步。右臂向外翻動，逐漸握拳屈至右額前上方，拳心向外，拳眼向下，左臂屈肘逐漸握拳，扣腕坐拳置腹部前方，拳心向裏，拳眼朝上，兩拳眼相對。面向正南，兩眼平視（圖226）。

圖226

口訣：重心後移，腰帶左腳扣（135度），扣過來（左腳），坐過來，兩臂放下來（置平形成攦），右腿邁出去，逐漸弓腿，兩臂隨腰，由左向右，由上往下環正圓弧，右臂向上屈至頭部上方，拳心向外，左臂屈至腹部前方，拳心向裏，兩拳眼相對。

要點：

1. 此式與左打虎式是對稱的，一左一右，除了在接轉處略有不同，當做出攦狀後，其環臂與弓步動作基本上是相同的。要點可參照左打虎式之說明。

2. 在左腳裏扣135度以後，重心逐漸向左腿倒的時候，其左臂應同時落下放平，並與右手共同做出攦狀。

3. 注意腳之邁出著地以後，兩臂當即隨同腰腿轉動而進行環臂。腳不著地，請勿轉動。連邁步帶轉體環臂，這是不妥的，要注意其根在腳，發於腿，主宰於腰，行於手

圖227   圖228

指的程序，這是不能違背的。其他拳勢，也必須遵循這一程序進行。

第48式　回身右蹬腳

動作1：先將左腳向左撇出90度，而後四肢隨腰，由右向左轉體，同時使右腳也向裏扣90度，坐實左腿。左臂隨之由下向左往上掤起，右臂也隨同由上而下（圖227）。

動作2：繼續轉體至左側，右臂亦隨之向左往上，扣腕屈臂，置左臂外側，兩臂搭成斜十字，兩拳心向裏，身偏左側。兩眼正前平視（圖228）。

動作3：站起左腿，提起右腿，向正前方蹬出，同時兩手鬆向左右分開，掌心側向外。右臂指向正東，左臂指

圖229

圖230

向西北，眼看正東（圖229、圖230）。

口訣：左腳打開（向左撇出90度），身向左轉，重心左移，右腳裏扣，右臂環過來，兩臂掤起來，站起來（左腳），提起腿來（右腿），蹬出去，兩臂同時開，屈回腿來。

要點：

請參看第45式「右蹬腳」要點。「右蹬腳」與「回身右蹬腳」兩者在用法上基本一樣，只是接轉處略有不同。

第49式　雙峰貫耳

動作1：右腿向下屈，腳尖自然下垂，腳面略繃。以腰帶動，用左腳跟向右轉體45度踏實。兩臂隨同轉體也轉向右側（圖231、圖232）。

圖231

圖232

152

動作2：左臂由左向右
環至正前，兩臂與肩同寬，
掌心均向上（圖233）。

動作3：坐左腿，落右
腿，右腿呈虛步，腳掌離
地。兩肘由前向後收，兩手
置兩胯旁，掌心向上（圖
234、圖235）。

動作4：重心逐漸向右
腿移動，弓出右腿，成右弓
步。兩臂逐漸向後往上，屈
臂翻掌環大弧，由後向前往

圖233

上握拳，拳向裏扣，兩拳眼側相對，拳心側向外，橫打對

圖234

圖235

圖236

圖237

方左右額。兩眼平視，面向東南（圖236、圖237）。

　　口訣：半面右轉身，左臂環過來，兩臂與肩同寬。坐

左腿，落右腿，逐漸弓腿，兩肘向後收至腰際，兩手向左右環，屈臂握拳向上往前擊出，兩拳眼側相對。

要點：

1. 向右轉體45度，只是方向變，而虛實不變。可用腳跟轉動，注意轉體時之整體協調，以免身體搖晃。

2. 此式分三步完成：①轉體；②坐腿收臂；③弓步出擊。這三步都需要相互配合好。尤其出擊的動作，上肢兩臂的難度較大，是由下而上，從兩側向中間合擊。在翻掌、扣拳、掄打過程中，下肢弓腿的蹬撐兩勁，要為上肢奠定穩妥的基礎。

3. 兩拳向裏扣，兩肘向外撐，兩臂走成弧形，用側面拳向對方兩鬢擊打，因之其拳眼是側相對的，不要做成正相對。

第50式 左蹬腳

動作1：重心逐漸向右腿移動，使左腳離地。兩臂分別由上向左右，再向下，復至胸前搭成斜十字，左臂在外，兩拳心向裏（圖238、圖239）。

動作2：站起右腿，提起左腿，向正前方蹬出。兩手逐漸鬆拳變掌，兩臂分別向左右展開，左臂在正前方，右臂在右側，兩掌心側向外。面向正東，兩眼向前平視（圖240、圖241）。

口訣：重心右移，兩臂合起來，站起來（右腿），提起腿來（左腿），向前蹬出，兩臂同時開，屈過腿來。

要點：此式要點與第39式「左蹬腳」相同。

圖238

圖239

圖240

圖241

第51式　轉身右蹬腳

動作1：左腿自然下屈，腳尖朝下，腳面微繃（圖242）。

動作2：左腿向下往左後伸出。左臂略向裏屈，掌心朝裏。右臂向下環，掌心側向下。四肢隨腰，以右腳掌為軸，使左腳由左向右旋轉，跨360度，使左腳落地，趾向東北角，坐實。右

圖242

腿呈虛步，腳跟離地。兩臂隨同轉體在左側屈臂相合，搭成斜十字，右臂在外，兩掌心朝裏（圖243、圖244）。

動作3：左腿站起，提起右腿，向前蹬出，兩臂同時分別向左右分開，掌心側向外，右臂方向為正東，左臂為西北。面向正東，兩眼平視（圖245、圖246）。

口訣：左腳向左後伸出，兩掌翻（左掌心側向上，右掌心側向下），轉身，重心落在左腿上，兩臂合起來，站起來（左腿），提起腿來（右腿），蹬出去，兩臂開，屈回腿來。

要點：

1. 此式之轉身幅度較大，須環360度，因此，須注意上下肢之間的配合。如轉身跨步及兩臂之合，以及蹬腿與兩臂之開，均須配合適當，也應與其他動作相互一致，快

圖243

圖244

圖245

圖246

慢適宜。

　2.此式轉體動作是360度，仍回到原方向，但兩腿之虛

圖247　　　　　　　　圖248

實有了變化，原來實腿變為虛腿，原來的虛腿變成了實腿。因此，在轉身時，應以右腳掌為軸，當左腳落地時，腳趾方向應該是東北，這樣，就為下一式做好了八字步的準備。

第52式　進步搬攔捶

動作1：右腿自然下屈，變右掌心朝上，左臂屈肘坐掌（圖247）。

動作2：坐左腿，落右腿，右腳尖向右撇出45度，趾向東南落地（圖248）。

動作3：重心逐漸右移坐右腿，邁左腿，腳跟著地，腳掌虛懸。左掌向前推出，右手逐漸握拳，挎至右胯旁，拳心向上，拳眼向右（圖249、圖250）。

動作4：弓左腿，成左弓步。由右向左轉體，右拳隨

圖249　　　　　　　　　　圖250

之內旋，變拳面向前，拳眼朝上，向前伸出。左臂屈，由前向後，使左掌置右小臂內側，掌心向右，坐掌指尖朝上。面向正東，兩眼正前平視（參照圖251）。

　　口訣：坐左腿，落右腿，右腳尖打開。重心右移，推左掌，挎右拳，左腿邁出。弓左腿，出右拳，收左掌。

圖251

　　要點：此式與第14式「進步搬攔捶」基本相同，

圖252　　　　　　　　　圖253

惟此搬攔捶是直接做翻腕向右搬出，無俯腕左搬，動作比較簡單。

第53式　如封似閉

動作和要點：與第15式「如封似閉」相同（參照圖252～圖255）。

口訣：與第15式「如封似閉」相同。

第54式　十字手

動作和要點：與第16式「十字手」相同（參照圖256～圖259）。

口訣：與第16式「十字手」相同。

圖254

圖255

圖256

圖257

圖258

圖259

圖260

圖261

第55式　抱虎歸山

動作和要點：與第17式「抱虎歸山」相同（參照圖

圖262

圖263

圖264

圖265

260～圖269）。

　　口訣：與第 17 式「抱虎歸山」相同。

圖266

圖267

圖268

圖269

圖270

圖271

第56式　斜單鞭

　　斜單鞭與正單鞭動作和要
點相同，惟方向和角度不同。
第4式「單鞭」定式方向為面
向正東，「斜單鞭」定式為面
向東南。由於此式上接「抱虎
歸山」之按式，其基礎是斜
的，雖具體動作與正單鞭完全
相同，但從形象上看，與正單
鞭有別，構成了斜的形象（圖
270～圖276）。

圖272

　　口訣：與第4式「單鞭」相同。

圖273

圖274

圖275

圖276

圖277   圖278

第57式　右野馬分鬃

動作1：重心右移，身向右轉，左腳裏扣90度，兩臂亦隨體轉動（圖277）。

動作2：重心左移，坐實左腿，右腿呈虛步，腳跟離地。左臂平屈，掌心向下，右臂順勢裏屈，掌心側向上，置胸前，兩臂相合。身偏向左（圖278）。

動作3：右腳略向右前方邁出，腳跟先著地，重心逐漸右移，弓出右腿成右弓步。隨同重心的移動，身向右轉，兩臂亦隨之展開。左掌置於左胯旁，掌心側向下。右掌由下而上，置右前方，掌心側向上，身略偏右。眼看右掌前方（圖279）。

口訣：重心右移，左腳裏扣，左臂屈。重心左移，右臂環至左臂下方（掌心向上），兩臂相合。右腿邁出，弓

圖279　　　　　　　圖280

腿兩臂開。

第58式　左野馬分鬃

　　動作1：重心略向後移，使前腳掌微離地面，用腰部帶動使右腳略向右開（圖280、圖281）。

　　動作2：重心右移，坐實右腿，左腿呈虛步，腳跟離地。身向右側轉，兩臂右側合。右臂裏屈，掌心向下，置胸前。左臂裏屈，掌心朝上，置腹部前方（圖282）。

　　動作3：左腳略向左前方邁出，腳跟先著地，重心逐漸左移，弓左腿，成左弓步。身向左轉，兩臂亦隨之上下展開。左臂由下而上，掌心側向上，置左斜上方。右臂置右胯旁，掌心側向下。肩略偏左，眼看左掌前方（圖283、圖284）。

圖281

圖282

圖283

圖284

口訣：重心略向後，腰帶右腳開（稍開），重心向右
移，左臂環至右臂下方（掌心向上），兩臂相合，左腿邁

圖285　　　　　　　　　圖286

出，弓腿兩臂開。

第59式　右野馬分鬃

動作：與「左野馬分鬃」相同，只是一左一右之分，其定式方向與第一個野馬分鬃相同，略偏西北（285～圖288）。

口訣：重心略向後，腰帶左腳開（稍開），重心向左移，右臂環至左臂下方（掌心向上），兩臂相合，右腿邁出，弓腿兩臂開。

要點：

1. 此式之定式與「斜飛勢」相同，但在式與式銜接處及用法上是有區別的。「斜飛勢」是由「倒攆猴」接轉，由正東方向，轉向右後西南方向，跨度是135度，它以大

圖287　　　　　　　　　圖288

跨度的轉身，大開大展的技法，用小臂捌勁橫擊右後之敵脛部。而「野馬分鬃」從其動作的方向角度來看，基本上是在正面，它的技法是以掤為主，無需轉體，只要用腰略向右往前帶出即可，直接攻其腋下。兩者雖都是用的腰腿勁，而具體到使用技法就有所區別了，因之應注意到兩者之不同處。

　　2. 該式要求臂與手都全然放展，純以腰帶，手臂必須一致。有意識地使手向裏扣，實際上裏扣是不得力的。

　　3.「野馬分鬃」連續做三個、五個也可以，但必須與其他連續勢子相互協調起來，不然，就不易回到原位。

　　4. 關於「野馬分鬃」的方向，不是正前方，也不是45度斜角，而是大約20多度，就可以了。

圖289　　　　　　　　　圖290

第60式　攬雀尾

　　動作1：重心後移，坐左腿，右腿呈虛步，腳掌離地。右臂內旋，掌心向上，左手掌心朝下（圖289）。

　　動作2：右腳裏扣，趾向西南，重心右移，身向左轉，收左腿成左虛腳，腳跟離地。兩臂隨同由右向左轉體，在右側相合。右臂在上伸出正前。左臂裏屈，置胸前，掌心側向上，在右臂下方。面向正南，兩眼正前平視（圖290、圖291）。

　　動作3：左腿向正前方邁出，腳跟先著地，腳掌虛懸（圖292）。

　　此「攬雀尾」勢，除在上述接續處有別，其他動作與第3式「攬雀尾」的動作相同（參照圖293～圖306）。

　　口訣：重心略向後，腰帶左腳扣，重心向右移，兩臂

圖291

圖292

圖293

圖294

右側合。坐好腿（右腿），邁出去腿（左腿），弓腿，左臂掤，右手置右胯前。

圖295

圖296

圖297

圖298

　　其中之攦、擠、按動作與第 3 式「攬雀尾」之攦、
擠、按相同。要點也相同。

圖299

圖300

圖301

圖302

圖303

圖304

圖305

圖306

第61式　單　鞭

請參照第4式「單鞭」（圖307～圖313）。

圖307

圖308

圖309

圖310

口訣：與第4式「單鞭」相同。

圖311

圖312

圖313

圖314

圖315

圖316

第62式　玉女穿梭

玉女穿梭（一）

動作1：重心右移，身向右轉，左腳裏扣135度，左臂外旋裏屈，掌心側向裏（圖314）。

動作2：重心左移，坐實左腿，右腿呈虛步，腳跟著地，腳掌虛懸。右臂鬆吊手外旋，掌心側向上。左臂裏屈，掌心側向裏，置胸前（圖315）。

動作3：由左向右轉體，逐漸將重心移向右腿坐實，左腿呈虛步，腳跟離地。左臂沿右臂下方，由下朝上，掌心側向內。右臂沉肩屈肘，由前而後置左臂上方（圖316）。

圖317

圖318

動作4：提左腿向正前方邁出（西南角），腳跟先著地，前腳掌虛懸，兩臂繼續翻動（圖317）。

動作5：左腿逐漸弓步，成左弓步，左臂向外翻動，成弧形，掤圓，屈至左額角上方，掌心側向外。右臂坐掌向正前方擊出。面向西南，眼看前方（圖318）。

口訣：重心後移，腰帶左腳扣（扣135度），左臂裏屈，重心左移，打開右腳（45度），翻過右掌（掌心側向上），順著腳尖的方向移動重心（右腿），左手置右臂下方。提腿邁步（左腿），兩臂拉開，左臂翻至頭部上方（掌心朝外），右臂坐掌平伸。

玉女穿梭（二）

動作6：重心後移，坐右腿，左腿呈虛步，腳掌離

圖319

圖320

地。兩臂隨同重心移動，順勢由上而下，將兩臂放平，兩掌心向下，右掌在左臂下方（圖319）。

動作7：用腰帶動四肢，由左向右轉體，左腳隨同裏扣135度，並即將重心移向左腿坐實，右腿呈虛步，腳跟離地。右臂也隨體轉動，並向右後平環，左臂隨之（圖320、圖321）。

圖321

動作8：坐穩左腿，身向右轉，提右腿向右後邁出，趾向東南角，左臂同時外旋由

左向右朝裏屈，掌心側向上。
右臂亦隨之外旋，由外向裏屈
至左臂下方，掌心側向內（圖
322）。

　　動作9：繼續由左向右轉
體，並將重心移向右腿，弓右
腿，成右弓步。左腳亦隨之再
次扣腳，趾向正東。兩臂隨同
轉體的同時，將右臂掤圓，成
弧形，由下往上，逐漸翻轉，
屈至右額角上方，掌心朝外。

圖322

左臂坐掌隨之伸出，掌心側向
前。面向東南角，兩眼正前平視（圖323、圖324）。

圖323

圖324

圖325

圖326

口訣：重心向後移，兩臂落下（置平），腰帶，由左向右環臂，左腳裏扣，扣過來，坐下來，身子轉過來，右臂環過去（平環），左臂屈過來，邁右腿，身向右轉，左腳裏扣，右臂翻至頭部上方，左臂坐掌伸出。

玉女穿梭（三）

動作10：重心後移，右腿呈虛步，腳掌離地。兩臂隨之由上向下放平，左掌在右臂下方，形如攦狀（圖325）。

動作11：右腳向裏扣，趾向正東。身向左轉，重心即向右腿移動坐實，左腿呈虛步，腳跟離地。右臂外旋，掌心朝上。左臂也同時外旋，掌心側向上，置右臂下方（圖326、圖327）。

圖327   圖328

　　動作12：左腿向前邁出，腳跟著地，腳掌虛懸。左臂由下而上，右臂由前向後，兩臂同時拉開（圖328）。

　　動作13：左腿弓出成左弓步。左臂內旋，掌心朝外，成弧形，掤圓屈至左額角上方。右掌坐起，伸臂向前擊出，掌心側向外。面向東北，兩眼平視（圖329）。

　　口訣：重心向後移，兩臂落下（置平成攦狀），右腳裏扣，重心右移，左手置右臂下方，提腿邁步（左腿），兩臂拉開，弓左腿，左臂置頭部上方，右臂向正前伸出。

玉女穿梭（四）

　　動作14：重心後移坐右腿，左腿呈虛步，腳掌離地。兩臂隨同重心的移動，順勢由上而下，將兩臂放平，兩掌心向下，右掌在左臂下方（圖330）。

圖329 圖330

動作 15：用腰帶動四肢，由左向右轉體，左腳隨同裏扣135度，並即將重心移向左腿坐實，右腿呈虛步，腳跟離地。右臂也隨同轉體向右後平環，左臂隨之（圖331）。

動作 16：坐穩左腿，身向右轉，提右腿向右後邁出，趾向西北角，左臂同時外旋，由左向右朝裏屈，掌心側向上。右臂亦隨之外旋，由外向裏屈至左臂下方，掌心側向內（圖332）。

圖331

圖332

圖333

186

　　動作17：繼續由左向右轉體，並將重心移向右腿，弓右腿，成右弓步，左腿亦隨之再次扣腳，趾向正西。兩臂隨同轉體的同時，將右臂掤圓，成弧形，由下往上，逐漸翻轉，屈至右額角上方，掌心朝外。左臂坐掌隨之伸出，掌心側向前，面向西北角，兩眼正前平視（圖333）。

　　口訣：與「玉女穿梭（二）」相同。

　　要點：

　　1. 玉女穿梭共有四個，是分別向四個斜角方向進行的。按照次序，第一個是西南角，第二個是東南角，第三個是東北角，第四個是西北角。

　　2. 由於轉動幅度大，提腿邁步均非一次能夠完成。穿梭一和穿梭三之提腿邁步，中間均有過渡式；而穿梭二和穿梭四，幅度更大，當提腿邁步以後，在轉身擊出時，還

得進行兩次扣腳才能完成。注意第一次轉體180度，扣腳135度；第二次轉體90度，扣腳90度。共轉體為270度，共扣腳225度。

3. 凡是大幅度的轉體，更顯其腰部帶動的重要，不然，上下不能相隨，動作不能連貫，如果身體失去重心，上下動作必散亂。

4. 兩臂在轉變過程中，一向上掤起，一出掌擊之，並輪翻替換進行。

5. 所謂「四隅」就是指四斜角說的。

6. 在做第二個和第四個玉女穿梭時，轉體動作一定要做夠數，不然，右腿的邁出就會困難，因之務必轉夠角度。

7. 雖然定式動作均為斜方向，但立身必須中正不偏。尤應注意，右臂伸出以後，身易向左偏；而左臂伸出以後，身易向右偏。

第63式　攬雀尾

動作1：重心後移，兩臂由上而下，屈肘置平。右掌心側向外，左臂裏屈，置右臂下方，掌心側向裏，形如攔狀（圖334）。

動作2：右腳裏扣90度，趾向西南，將重心向右腿坐

圖334

187

圖335

圖336

實，左腿呈虛步，腳掌著地。向左轉體，右臂隨同伸向正前，掌心側向前。左臂裏屈，掌心側向裏，置右臂下方，兩臂相合（圖335）。

這一攬雀尾動作與第3式之「攬雀尾」基本相同，只是在接轉處，略有不同，以上兩圖，就是接轉動作，以下動作，見圖336～圖349。

圖337

口訣：重心左移，兩臂落下（置平成擺狀），右腳裏扣，重心右移，兩臂右側合，坐好腿（右腿），邁出去腿

圖338

圖339

圖340

圖341

（左腿），弓腿，左臂掤，右手置右胯前。

其中之掤、擠、按動作與第3式「攬雀尾」之掤、擠、按相同。

圖342

圖343

190

圖344

圖345

圖 346

圖 347

圖 348

圖 349

圖350

圖351

圖352

圖353

第64式　單　鞭

這一單鞭動作與第4式之「單鞭」完全相同。請參照

圖354

圖355

圖356

圖357

圖351~圖357習練。

口訣：與第4式「單鞭」相同。

圖358

圖359

圖360

圖361

第65式　左右雲手（一）

重複動作。請按圖358～圖361順序習練。

口訣：與第32式「左右雲手（一）」相同。

圖 362

圖 363

圖 364

圖 365

第66式　左右雲手（二）

重複動作。請按圖362～圖365順序習練。

口訣：與第33式「左右雲手（二）」相同。

圖366

圖367

圖368

圖369

第67式　左右雲手（三）

重複動作。請按圖366～圖369順序習練。

口訣：與第34式「左右雲手（三）」相同。

圖370

圖371

圖372

第68式　單　鞭

重複動作。請按圖370～圖372順序習練。

口訣：與第35式「單鞭」相同。

圖373

第69式 下 勢

動作1：使右腳向右撤出90度，身向右轉。右腿順著右腳尖的方向屈膝下蹲，逐漸將重心坐在右腿，左腿成大撲步。同時左掌隨同重心逐漸由前向後收，經胸前至腹部前方，掌心側向右，指尖朝前。面向東南，眼前看（圖373）。

口訣：打開右腳，屈腿下蹲，左手收至胸前。

要點：

1. 該式屬低姿勢，須向下坐腿，因之，請注意上體勿向前傾，也不要低頭，臀部要收，勿突出。

2. 後腳（右腳）要向右後撤出90度，不然，右腿向下坐就會感到困難。

3. 左臂由前隨同重心後移，呈弧形，經胸前收至腹前至左腿內側，但弧形不宜過大，只要順勢屈肘收回就可以了。

圖374　　　　　　　　　　圖375

4. 如果下蹲有困難，姿勢可以高一些，但應注意，有些人自覺與不自覺地出現低頭、駝背、彎腰、突臀，這些都是需要防止的。

第70式　右金雞獨立

動作1：四肢隨腰，先扣回右腳還原來位置。繼開左腳，使左腳向左撇出45度，重心逐漸移向左腿（圖374、圖375）。

動作2：重心繼續向左腿移動，使右腳逐漸離地。右手鬆吊手變掌，由後向前走下弧，至右胯旁，左掌略有按意。

左腿站起，右腿提起，腳尖自然下垂，腳面略繃。右臂由下而上，屈肘坐掌托起，掌心向左，指尖朝上。左臂由上向下按至左胯旁，肘尖向後，五指朝前，掌心向下。

圖376 　　　　　　　　圖377

身偏左側，面向正東，兩眼正前平視（圖376）。

　　口訣：左手由上向下至腹前，向前穿出，扣後腳，開前腳，重心前移，站起來（左腿），提起右腿，右掌托起，左掌置左胯旁。

第71式　左金雞獨立

　　動作1：坐左腿，落右腿，右腳向後撤半步，腳尖仍以45度角度著地。右臂內旋，掌心向下（圖377）。

　　動作2：坐右腿，左腿呈虛步，右臂由上向下按至右胯旁，左臂屈肘坐掌（圖378）。

　　動作3：右腿站起，右腿提起，腳尖自然下垂，腳面略繃。左臂屈肘托掌，掌心向右，指尖朝上。右掌心朝下，指尖朝前，肘尖向後。面向正東，身偏右側，兩眼正

圖378

圖379

前平視（圖379）。

　　口訣：坐左腿，撤右腿，右腿站起來，左腿提起來，左手托掌，右手置右胯旁。

　　要點：

　　1.當右腳裏扣，左腳外撇以後，重心移向左腿一定要坐實、坐穩，爾後右腿提起也就比較輕靈了。

　　2.兩腳之一扣一開，關係到起動之穩妥，姿勢之正確。右腳不扣，左腳不開，身必斜，因此一定要按要求做到。

　　3.第一個金雞獨立式為右金雞獨立式，因為其膝是頂對方腹部，其腳是踢對方下身，是用法的主要部分，也就是用意主要在右腿，這與前右分腳，以右腳之出擊是一個意思，不是以站起之腿區分左右。第二個金雞獨立自然就是左金雞獨立了。

圖380 圖381

4. 該式是由低姿勢直接進入高姿勢的，因之運動量較大，下肢承受力較強，不易控制，這就需要注意整體協調，一定要以腰帶動四肢，相互密切配合，這樣才能做到上下相隨，內外相合，圓滿舒適。

第72式　右倒攆猴

動作1：兩臂翻動，左臂外旋向前伸出，掌心向上。右臂外旋，掌心向上，由下向後屈肘坐掌，變掌心側向前（圖380）。

動作2：坐右腿，落左腿，左腳向後撤半步，腳尖先著地，落腳踩成八字步（圖381、圖382）。

口訣：翻兩掌，兩手心朝上，撤左腿，向左轉，擺右腳，右掌推出，左手置左胯旁。

圖382

圖383

圖384

圖385

第73式　左倒攆猴

重複動作。請按照圖383～圖385順序習練。

口訣：與第20式「左倒攆猴」相同。

圖386

圖387

圖388

第74式　右倒攆猴

重複動作。請按圖386～圖388順序習練。

口訣：與第21式「右倒攆猴」相同。

圖389

圖390

圖391

圖392

第75式　斜飛勢

重複動作。請按圖389～圖392順序習練。

口訣：與第22式「斜飛勢」相同。

圖393

圖394

圖395

圖396

第76式 提手上勢

重複動作。請按圖393～圖396順序習練。

口訣：與第23式「提手上勢」相同。

圖397

圖398

第77式　白鶴晾翅

重複動作。請按圖397～圖400順序習練。

口訣：與第24式「白鶴晾翅」相同。

圖399

圖400

圖400附圖

208

圖401

圖402

第78式　左摟膝拗步

重複動作。請按圖401～圖404順序習練。

口訣：與第25式「左摟膝拗步」相同。

圖403

圖404

圖405

圖406

第79式　海底針

重複動作。請按圖405～圖407順序習練。

口訣：與第26式「海底針」相同。

圖407

圖408

圖409

第80式　扇通臂

重複動作。請按圖408、圖409順序習練。

口訣：與第27式「扇通臂」相同。

圖410　　　　　　　　　圖411

第81式　白蛇吐信

動作1：重心後移，由左向右後轉體，腰部帶動左腳裏扣135度，當扣過左腳以後，即將重心轉移至左腿坐實，右腿呈虛步，腳跟離地。左臂向上屈，成弧形，置左額角上方，掌心向外。右臂外旋，掌心向下，由上向下置腹部前方，並由掌變拳，拳心向下，拳眼向裏（圖410、圖411）。

動作2：四肢隨腰，繼續由左向右轉體，提起右腳向正西邁出，腳跟著地。兩臂隨同轉體，左臂屈肘坐掌置左胸前，掌心側向前。右臂由腹前往上朝外，逐漸鬆拳變掌，以手背向前撇出，掌心向上（412、圖413）。

動作3：重心右移，弓右腿，成右弓步。右臂由上向

圖412　　　　　　　　　　圖413

212

下收至右胯旁，掌心朝上。左掌向正前擊出，掌心側向前。面向正西，兩眼正前平視（圖414）。

　　口訣：與第28式「轉身撇身捶」基本相同，惟一拳一掌之別。

　　要點：

　　此式與「轉身撇身捶」之做法基本相同，惟轉身撇身捶是以拳背擊對方面部。而「白蛇吐信」是以手背擊打對方面部，兩者只是一拳一掌之差。從定式來看，右掌置右胯旁，就更清楚了。其他均可參照轉身撇身捶動作。

第82式　進步搬攔捶

　　此式也是重複動作，但在接轉處是掌而不是拳（圖415～圖419）。

圖414

圖415

圖416

圖417

　　口訣：翻兩掌，重心左移，右臂搭出，左手置右臂內側，右手握拳搬過來，搬過去，右腳打開，重心右移，邁左腿，推左掌，右手挎拳，收左掌，弓左腿，右拳伸出。

圖418

圖419

214

第83式　上步攬雀尾

　　重複動作。請按照圖
420～圖430順序習練。

　　口訣：與第30式「上步
攬雀尾」相同。

圖420

圖421

圖422

圖423

圖424

圖 425

圖 426

圖 427

圖 428

圖429

圖430

第84式 單 鞭

重複動作。請按照圖431～圖437順序習練。

口訣：與第31式「單鞭」相同。

圖431

圖432

圖433

圖434

圖435

圖436

圖437

第85式　左右雲手（一）

　　重複動作。請按照圖
438～圖441順序習練。

　　口訣：與第32式「左右
雲手（一）」相同。

圖438

圖439

圖440

圖441

圖442

第86式　左右雲手（二）

重複動作。請按照圖442～圖445順序習練。

口訣：與第33式「左右雲手（二）」相同。

圖443

圖444

圖445

圖446

第87式　左右雲手（三）

重複動作。請按照圖446～圖449順序習練。

口訣：與第34式「左右雲手（三）」相同。

圖447

圖448

圖449

圖450

第88式　單　鞭

重複動作。參照圖450～圖452順序習練。

口訣：與第35式「單鞭」相同。

圖451

圖452

圖453

圖454

第89式 高探馬穿掌

動作1：該動作與第36式「高探馬」相同（請參照圖453～圖456）。

圖455

圖456

　　動作2：右腿坐實，左
腿提起向正前邁出，先使腳
跟著地，重心逐漸左移，左
腿弓出成左弓步。右臂由前
向後朝裏，屈臂，掌心朝
下，收至左臂腋下。左臂隨
之由後向前穿出，掌心朝
上。面向正東，身偏東南，
兩眼向前平視（圖457）。

　　口訣：翻左掌（掌心側
向上），鬆開吊手屈右臂，
右掌向前探出，左掌收至左
胯旁，擺正左腳。左腳跨

圖457

出，弓左腿，出左臂，右掌收至左腋下。

要點：

1. 高探馬穿掌雖是一個勢子，實際上有兩個內容：第一是高探馬，它與第36式之高探馬是相同的；第二才是穿掌。

2. 在步法上高探馬是虛實步，而穿掌是左弓步，因之需注意步法的變換。當左腿向前邁步時，落腳點一定要向左跨，不能在原地變轉，以免立身不穩。

第90式　十字腿

動作1：重心後移，身向右轉，並帶動左腳裏扣135度，當左腳扣過來以後，即將重心轉向左腿坐實，右腿呈虛步，腳跟離地。兩臂隨同轉體，左臂裏屈，掌心向裏。右臂外旋，拳心向裏，由左腋下向右與左臂搭成十字手，右臂在外，左臂在裏（圖458）。

225

動作2：站起左腿，提起右腿向正前方蹬出，同時兩臂亦隨之分開，兩掌心均向外，右腿右臂同一方向為正西，左臂相應地置左後（圖459、圖460）。

動作3：屈回右腿（圖461）。

圖458

圖459

圖460

226

　　口訣：重心右移，左腳裏扣，扣過來，坐過來，兩臂左側合，站起來（左腿），提起腿來（右腿），蹬出去，兩臂同時開。

　　要點：

　　1. 十字腿之動作，與轉身右蹬腳相似，惟在手法上略有不同。十字腿在轉身之後右掌有向對方胸部衝擊的意思，這與雙手掤之右蹬腳稍有不同。

　　2. 其他可按右蹬腳做。

圖461

圖462

圖463

第91式　進步指襠捶

　　動作1：坐左腿，落右腿，右腳著地，右腿向右撇出45度（圖462）。

　　動作2：重心右移，身向右轉，右腿坐實，左腿呈虛步，腳跟離地。左臂裏屈，右臂外旋（圖463）。

　　動作3：邁左腿，腳跟先著地。右手握拳置右胯旁，拳心向上，拳眼向外。左臂屈至腹部前方，掌心向下（圖464）。

圖464

| 圖465 | 圖466 |

　　動作4：身向左轉，弓左腿，成左弓步。左臂隨同轉體，由裏向外經膝前收至左膝旁，掌心向下，手指朝前。右臂內旋，拳眼側內前，拳面側向前，向對方襠部擊出。身略向前，面向正西，眼視對方襠部（465）。

　　口訣：坐左腿，落右腿，右腳尖打開，重心移在右腿上，提腿邁步（左腿），右臂屈至腹部前方，右手挎拳，弓左腿，左臂環膝，右拳指襠伸出。

　　要點：該動作與進步栽捶相似。這是以拳擊對方襠部，也就是下身，而栽捶是向下打的，搬攔捶是平捶，指襠捶正好在兩者之間。

第92式　上步攬雀尾

　　重複動作。請參照第30式「上步攬雀尾」習練（圖

圖467

圖468

圖469

圖470

466、圖467，另可參照圖468～圖477。

　　口訣：與第30式「上步攬雀尾」相同。

圖471

圖472

圖473

圖474

圖475

圖476

圖477

圖478

第93式　單　鞭

重複動作。請按照圖478～圖484，順序習練。

圖479

圖480

圖481

圖482

口訣：與第4式「單鞭」相同。

圖483

圖484

圖485

第94式　下　勢

重複動作。請參照第69式「下勢」動作（圖485）。

口訣：與第69式「下勢」相同。

圖486

圖487

第95式　上步七星

動作1：四肢隨腰，身向左轉，扣回右腳（扣90度）（圖486）。

動作2：再開左腿（45度），右手握拳（圖487）。

動作3：重心前移，坐實左腿。右腿提起向正前方邁步，腳掌著地呈虛步。右臂屈肘，由下向上往前，將右拳擊出，同時左手也握拳一併向前擊出。左拳在上，兩拳眼向裏，兩拳坐腕向裏扣。面向正東，兩眼平視（圖488、圖489）。

口訣：扣後腳，開前腳，重心前移，右手提捶，上步（右腿），雙捶擊出。

要點：

1.動作1與動作2都是由轉換步法而調整腳型，同時

圖488 圖489

右拳已經握好，其勢是為衝擊前之準備。

2.上步七星是以雙拳同時向對方擊出，尤其右拳隨同腰腿向前打出的動作，必須將這一拳的擊打意思做出來，不然，只是把拳擺上去，會使該式大為遜色。

3.注意起腿上步之際，虛實更應分清，實腿坐實沉穩，虛腿上步才能靈活自如。

第96式 退步跨虎

動作1：右腿提起，向後退步，身向右轉，重心右移，坐實右腿，左腿呈虛步。兩臂隨同轉體，右臂外旋，拳心朝上，順勢屈肘，由前向後，將拳挎至右胯旁，拳向上扣，拳眼朝右。左拳仍置身前（圖490）。

動作2：坐實右腿，身向左轉，即將左腳擺正成左虛

圖490

圖491

步。兩臂隨同轉體，右臂外旋，由下向右往上，逐漸鬆拳變掌，成弧形，屈至右額角上方，掌心朝外。左臂屈肘由前向左往下，逐漸鬆拳變掌，收至左胯旁，掌心向下，手指朝前，肘尖向後。面向正東，兩眼向前平視（圖491）。

　　口訣：撤右腿，右拳挎起，擺正左腳，兩臂上下展開。

　　要點：

　　1. 為了使姿勢準確規範，一定不要偏離中心線。注意退步（向後）之落腳點與進步之落腳點，都不能踩在一條線上。

　　2. 向後退步，應以腰帶動肢體後向移動，做到心中有數，雖退猶進。注意整體協調，臀部勿突出。

　　3. 兩臂上下分開所環的弧形不宜太大，其定式與「白鶴晾翅」相似。

圖492

圖493

第97式　轉身擺蓮

　　動作1：兩臂向前環，左臂由下向左，往前推出，屈置於胸前。右臂由上向右，往下朝前推出，屈置於左臂下方，兩掌心側向前，兩掌裏扣（圖492）。

　　動作2：四肢隨腰，以右腳掌為軸，由左向右轉體180度。重心坐在右腿，立身中

圖494

正，左腳呈虛步離地。同時右臂由裏向外環大孤，左臂逐漸由前向裏屈至胸腹之間（圖493、圖494）。

圖495

圖496

動作3：仍以腰部帶動，跨步繼續向右轉體225度，至東南角，右腿呈虛步。兩臂置身前，右臂在前，左臂在後，左手在右肘內側，兩掌心向下（圖495）。

動作4：左腿起立，右腿提起，右腳自然下垂，腳面略繃（圖496）。

動作5：以腰帶動右腿，由左向右上方，呈弧形，以腳背向外擺動。同時兩掌由右向左，迎著右腳拍打腳面，左掌在先，右掌在後。打畢，站穩左腿，右腿屈膝，腳尖向下，兩臂置於左側，呈擺狀，兩掌心向下。面向東南，兩眼平視（圖497、圖498）。

口訣：兩臂環起，均向前推出，轉身（由前向右），右臂環起，跨步，倒腿，站起來（腳迎手，手迎腳），拍打，兩臂置左側。

圖497　　　　　　　　　　圖498

要點：

1. 轉身擺蓮，共轉405度，由正東轉過來至東南，其幅度之大又超過了左蹬腳轉右蹬腳的幅度（360度），因之必須掌握好轉身跨步的次序，有條不紊地逐次進行，不然就會出現下盤不穩，身體搖晃，不利於轉身跨步。現將轉體跨步動作分解為三步，即三次完成，請從圖492開始，第一次轉體135度，右腳不動，只是腰帶身轉，左腳相應地動。第二次轉體90度，右腳跟微離地面，以腳掌為軸。隨轉體轉90度。第三次轉體180度，仍以右腳掌為軸，左腳離地，連同轉體跨步。這樣正好是405度，只要按照以上次序，連貫起來進行，就不致出現下盤不穩，身體搖晃現象，自會輕靈圓活地完成轉體跨步動作。

2. 擺腳與兩手拍打腳面動作，應因人而異，不可為打

圖499   圖500

240

腳面而打腳面,致使肢體散亂,甚至出現怪狀,形象不佳。因之可以根據自己的條件進行。如果拍打不著,也只能是夠到哪裏是那裏,總之以自然為原則。

3. 擺動之右腳,以橫擺為主,勿直踢。

第98式　彎弓射虎

動作1:坐左腿,落右腿,右腳跟著地(圖499)。

動作2:四肢隨腰由左向右轉體,重心逐漸向右腿移動。兩臂隨腰環下弧,經膝前向上至右側,兩手逐漸握拳(圖500、圖501)。

動作3:兩臂隨同右腿弓出,成右弓步,同時由右向左前以拳擊出,右臂上屈,右拳置於右額前,虎口向下,拳面朝前。左拳置左胸前,虎口向上,拳面朝前。面向東

圖501   圖502

北，兩眼平視（圖502）。

口訣：坐左腿，落右腿，兩臂隨腰，手心向裏，由左向右經膝前到右側，兩手握拳再由右向左，雙捶擊出。

要點：

1. 當右腳著地，由左向右逐漸轉體時，右腿也應逐漸向前弓出，但必須注意與兩臂由左向右，又由右向左轉體擊拳相互協調。此勢之臂部活動較大，而兩腿之一蹬一撐動作較小，兩者大小懸殊，因之上下肢之配合一定要掌握好，以免上下脫節。

2. 此勢兩臂出擊的方向，與弓出之右腿不是同一方向，因之要注意，弓出之右腿方向為東南，而上身和兩臂均朝東北。

3. 注意身偏左略向前。

圖 503

圖 504

242

第 99 式　進步搬攔捶

　　動作 1：左腳向左撇出，趾向東北，身向左轉，右腳也隨之裏扣，重心逐漸移至左腿坐實，右腿呈虛步。左臂向裏屈，置腹前，鬆拳變掌，掌心側向裏。右臂仍握拳，屈肘俯腕坐拳置左手上方，拳心側向下，形如搬狀（圖 503）。

　　其他動作與第 14 式「進步搬攔捶」相同，另可參照圖 504～507 順序習練。

圖 505

圖506

圖507

口訣：開左腳，身向左轉，重心左移，扣右腳，左手裏屈，成搬狀，搬過來，提腿邁步，搬過去，兩臂拉開，右手翻挎，左掌伸出，左腿邁出，出右拳，收左掌，左腿弓出。

要點：請看第14式「進步搬攔捶」。

第100式　如封似閉

圖508

重複動作。請按圖508～圖511順序習練。

口訣：與第15式「如封似閉」相同。

圖509

圖510

圖511

圖512

第101式　十字手

重複動作。請按照圖512～圖515順序習練。

口訣：與第16式「十字手」相同。

圖513

圖514

第102式 收 勢

動作：兩腿起立，站直。兩臂向左右兩側分開，與肩同寬，臂向內旋，由前往下至兩胯旁，掌心向下，指尖朝前。面向正南，兩眼正前平視（圖516、圖517）。

口訣：站起來，兩臂分開與肩同寬，放下來。

圖515

要點：

此勢與起勢相同，收勢為練完一趟拳終結之勢，但往往易被忽略，認為結束的最後一勢可以馬虎，這是不應該

圖516

圖517

246

的。練太極拳能陶冶人的性格，使人養成有始有終的良好習慣。另一方面，該式雖為收勢，往往有不少演練者曾連續反覆多次演練。因此，雖為收勢，但仍含有動意，也可作為起勢。

第103式　還　原

圖518

還原就是恢復到練拳之前的狀態。見圖518。

口訣：停。

結 束 語

　　套路已經完全介紹完了。至於在練拳過程中，是否還
應該注意些什麼？我想還會有許多，以下再補充幾點：

　　1.動作緩慢柔和，勢勢均勻，是楊氏太極拳很大的一
個特點。

　　它為武術、健身、療病三者的結合創造了條件，適應
面極廣，因之，一定要在全身放鬆的基礎上，做到動作緩
慢柔和，勢勢均勻，還要做到勢勢有「定勢」（規範
勢）。「定勢」是在似停非停中體現。相連不斷，一氣呵
成，也得做到。

　　2.有關「放鬆」已經談了許多，再結合什麼是
「柔」、「軟」、「力」、「勁」分別談談，以便識別，
有助於練拳。

　　在武術中，常以「剛」比喻為「勁」。那麼，「拙
力」就可比喻為「鐵」，因為「剛」的來源是鐵，而
「勁」的來源自然也就是「拙力」了。拙力是自然力，也
是人體本能的產物。

　　說來也是巧合，現今勁的寫法，正是力的加工，這個
字的設計者是不是有這個意思，我不清楚，不過，借用這
個字，很能說明兩者之間的關係，我就不多說了。

加工，是生產過程，生鐵需要採取高溫熔解的方法，而拙力是採取放鬆的方法，摧去拙力中之僵硬，二者都是方法。

經過加工，使二者在形態上會出現一種與其本身似相矛盾的形狀，如鐵水與飲用水相似，但又與飲用水有本質的不同，因為鐵水和摧去僵硬的拙力，均帶有韌性，而飲用水是軟的，它不具備有韌性的條件，因此，稱摧去了僵硬的「拙力」為「柔」不為軟，因為柔是帶有韌性的，也就是其中含有勁的因素。

這樣正中楊公澄甫先師所說「太極拳乃柔中寓剛，綿裏藏針之藝術也」。如果其中沒有勁的因素存在，這就是軟。軟不能稱之為柔的。

鐵經過千錘百煉，可以起質的變化，轉為鋼。鋼，內堅，外形光澤度強。而鐵，不只是韌性差，而且外形粗糙。拙力，經過日積月累、年復一年的堅苦訓練，也能起質的變化，轉為勁。勁的表現，柔韌性強，能夠體現出整體的協調。而拙力的表現，動作僵硬，反映在局部而不是全身。二者也有極大的區別。

放鬆與訓練，都應該是有意識的，正如前輩所言，「有意放鬆，無意成剛」，只要真正做到了放鬆，它就可以溝通人體與基本要領的結合，自會產生物質條件，勁也就會應運而生，如果為勁而勁，反而為勁所限。所謂「用意而不用力」，主要是指不用拙力，是要用勁的。

3. 有關氣沉丹田。氣宜直養而無害。

在練拳時，以自然呼吸來保持腹部之平穩，做到心平

氣和，不要有意識的使腹部一起一伏。至於氣與動作的配合，也應該是自然配合。初學者由於精神緊張，可能出現提氣的現象，這樣會形成上重下輕、立身不穩，還會感到憋氣，非常不舒服，這是需要注意的。另外還可能出現呼吸短促的現象。只要不感到憋氣，經過一段時間鍛鍊以後，能夠適應了，呼吸就會由短促變為深長，並且有力，還會有節奏。

以上所談的氣與動作之自然配合，就是按照推呼收吸沉呼提吸的原則進行的，能夠配合到什麼程度算什麼程度，不要勉強，以免顧此失彼，影響整體動作。至於氣，是看不見摸不著的，但從人們生活實際感受上是覺著有氣的存在。

所謂「先天之氣」，是指固有的氣，應沉在丹田，指臍下三指處，而後天之氣，是指呼吸說的，因為氣功是門科學，這裏不做學術研究，所以，只要在練拳中不違背生活規律，能夠順乎自然，就可以了。

4. 關於練拳時是否用力的問題。

楊公澄甫先父曾講過：「太極拳乃柔中寓剛，綿裏藏針之藝術也。」這裏所說的剛和針都是指勁講的，特別是「運勁如抽絲」這句話，充分說明了練習太極拳是要用勁的。有關「力」與「勁」在本書中已經介紹過。另外在練法上所講的「由鬆入柔、積柔成剛，剛柔相濟」中的剛，也是指勁講的。但千萬不能用僵力，也就是拙力。

有關「柔」與「軟」也請參看本書的例子去默識揣摩，以免走向另一極端。

附 錄 一

太極拳論

一舉動周身俱要輕靈。尤須貫串。氣宜鼓蕩。神以內斂。無使有缺陷處。無使有凸凹處。無使有斷續處。其根在腳。發於腿。主宰於腰。形於手指。由腳而腿而腰。總須完整一氣。向前退後。乃能得機得勢。有不得機得勢處。身便散亂。其病必於腰腿求之。上下前後左右皆然。凡此皆是意。不在外面。有上即有下。有前則有後。有左則有右。如意要向上。即寓下意。若將物掀起而加以挫之之力。斯其根自斷。乃壞之速而無疑。虛實宜分清楚。一處有一處虛實。處處總此一虛實。周身節節貫串無令絲毫間斷耳。

長拳者。如長江大海。滔滔不絕也。掤攦擠按採挒肘靠。此八卦也。進步退步左顧右盼中定。此五行也。掤攦擠按。即乾坤坎離四正方也。採挒肘靠。即巽震兌艮。四斜角也。進退顧盼定。即金木水火土也。合之則為十三勢也。

原註云。此係武當山張山豐祖師遺論。欲天下豪傑延年益壽。不徒作技藝之末也。

明 王宗岳太極拳論

太極者無極而生。陰陽之母也。動之則分。靜之則合。無過不及。隨曲就伸。人剛我柔謂之走。人背我順謂

之黏。動急則急應。動緩則緩隨。雖變化萬端。而理為一
貫。由著熟而漸悟懂勁。由懂勁而階及神明。然非功力之
久。不與豁然貫通焉。虛領頂勁。氣沉丹田。不偏不倚。
忽隱忽現。左重則右虛。右重則左杳。仰之則彌高。俯之
則彌深。進之則愈長。退之則愈促。一羽不能加。蠅蟲不
能落。人不知我。我獨知人。英雄所向無敵。蓋皆由此而
及也。斯技旁門甚多。雖勢有區別。概不外乎壯欺弱。慢
讓快耳。有力打無力。手慢讓手快。是皆先天自然之能。
非關學力而有為也。察四兩撥千斤之句。顯非力勝。難耄
耋能禦眾之形。快何能為。立如秤準。活似車輪。偏沉則
隨。雙重則滯。每見數年純功。不能運化者。率自為人
制。雙重之病未悟耳。欲避此病。須知陰陽相濟。方為懂
勁。懂勁後，愈練愈精。默識揣摩。漸至從心所欲。本是
捨己從人，多誤捨近求遠。所謂差之毫釐，謬以千里。學
者不可不詳辨焉。是為論。

十三勢行功心解

　　以心行氣。務令沉著。乃能收斂入骨。以氣運身。務
令順遂。乃能便利從心。精神能提得起。則無遲重之虞。
所謂頂頭懸也。意氣須換得靈。乃有圓活之趣。所謂變轉
虛實也。發勁須沉著鬆淨。專主一方。立身須中正安舒。
支撐八面。行氣如九曲珠。無往不利（氣遍身軀之謂）。
運勁如百煉鋼。無堅不摧。形如搏兔之鵠。神如捕鼠之
貓。靜如山岳。動如江河。蓄勁如開弓。發勁如放箭。曲
中求直。蓄而後發。力由脊發。步隨身換。收即是放。斷

而復連。往復須有折疊。進退須有轉換。極柔軟。然後極堅剛。能呼吸。然後能靈活。氣宜直養而無害。勁以曲蓄而有餘。心為令。氣為旗。腰為纛。先求開展。後求緊湊。乃可臻於縝密矣。

又曰。彼不動。己不動。彼微動。己先動。勁似鬆非鬆。將展未展。勁斷意不斷。又曰。先在心。後在身。腹鬆氣沉入骨。神舒體靜。刻刻在心。切記一動無有不動。一靜無有不靜。牽動往來氣貼背。而斂入脊骨。內固精神。外示安逸。邁步如貓行。運勁如抽絲。全身意在精神。不在氣。在氣則滯。有氣者無力。無氣者純剛。氣若車輪。腰如車軸。

十三勢歌

十三勢來莫輕視。命意源頭在腰際。變轉虛實須留意。氣遍身軀不少滯。靜中觸動動猶靜。因敵變化示神奇。勢勢存心揆用意。得來不覺費功夫。刻刻留心在腰間。腹內鬆淨氣騰然。尾閭中正神貫頂。滿身輕利頂頭懸。仔細留心向推求。屈伸開合聽自由。入門引路須口授。功夫無息法自修。若言體用何為準。意氣君來骨肉臣。想推用意終何在。益壽延年不老春。歌兮歌兮百四十。字字真切意無遺。若不向此推求去。枉費功夫貽歎息。

打手歌

掤攦擠按需認真。上下相隨人難進。任他巨力來打吾。牽動四兩撥千斤。引進落空合即出。粘連黏隨不丟頂。

附　錄　二

太極拳體用解

（一）原　理

甲、主　旨

「以心行氣——意到氣亦到⋯⋯」「務令沉著，久則內勁增長，但非格外運氣」

以心行氣，以氣運身，自能從心所欲，毫無阻滯，俟後天之力化盡，先天之內勁自然增長，由習慣而成自然。

「以氣運身——氣動身亦動⋯⋯」「氣要順遂，則身能便利從心⋯⋯」

意想力自能支配生理作用，故曰「勢勢存心揆用意，得來全不費功夫」又云「默識揣摩漸至從心所欲」。

「心神宜內斂」

不論在盤架子或推手時，心神必須專一，萬不可心神散亂，否則氣必散漫，益處毫無，蓋因太極拳之要點全在一靜字，故曰「內固精神外示安逸」。

「行氣宜鼓蕩」

此有不許硬壓丹田之意，氣之行走或沉丹田，或貼脊

背，均當徐徐行之。

「氣宜直養而無害」

養先天之氣，養氣則順乎自然，故無有窮盡，非運後天之氣，運氣則流弊甚大，是有窮盡。

「周身宜輕靈」

「輕」一切動作固宜純以心意為主，如舉手雖微微一動，便作一舉，如無意識續示，即不再進，方謂之真輕……

初學練架子宜慢，方能時時皆有意識導動作以俱進，且慢，則呼吸深長。

「靈」如手由低處舉高，處處作無數一舉想，而時時有隨意變化之妙，方謂之真靈……

氣沉丹田方不致有氣脹憤張之弊。

「心為令」

如由主帥發令……

心為主帥，身為軀使，使精神能提得起，自然舉動輕靈，如手足開時心意與之俱開，合時心意與之俱合，內外一氣，渾然無間，則其動猶靜也（即能到虛靜境界）。

「氣為旗」

如表示其令之旗，又氣如車輪。腰為一身樞紐，腰動則先天之氣如車輪旋轉，氣遍全身而不稍滯，蓋無處不隨腰運動圓轉。

「腰為纛」

如使大旗中正不偏，又腰如軸。

動作之與呼吸——動作時，當呼者呼，當吸者吸，呼

時先天氣下沉，吸時先天氣上升，故曰，「能呼吸然後能靈活」。

眼神注視——意之所至眼神灌之，不然，意東視西有何效用，故曰「仰之則愈高，俯之則愈深」。

乙、姿　勢

總

根於腳，發於腿，主宰於腰，形於手指。

由腳而腿而腰而手，宜上下相隨，完整一氣，其貫串一氣，處處所為，運勁如抽絲，邁步如貓行，「進退自然得機得勢，但用意不用力，始終綿綿不斷，週而復始，循環無窮，如長江大河，滔滔不絕，故太極拳亦稱長拳，若有一處不貫串則斷，斷則當舊力已盡，新力未生之際，最易為人所乘，故曰「無使有凹凸處，無使有斷續處」，有一不動則必致散亂，如手動，而腰腿不動，則手愈有力，身愈散亂，蓋虛實變化，皆由腰轉動，故曰「命意源頭在腰際」，初學者宜先求開展，使腰腿皆動，無微不至，然皆是意所謂。

「內外相合上下相隨」，又曰「一動無有不動，一靜無有不靜」，如是則由肢體任何部分，皆無偏重之虞。

別

1. 手　法

「分虛實」

出手能分陰陽虛實，則收發均可奏效，人既不易制己，而己反易使人落空，故曰「人不知我我獨知人」又曰

「陰陽相濟方謂懂勁」。

「含折疊」

即往復所變之虛實，外看雖似未動，其中已有折疊。

「具圓形」

手隨腰腿旋轉，須式式含有圓形，不離太極原則。

2. 步　法

「分虛實」

虛步，以能隨意起落為度。

如全身皆坐在右腿，則右腿為實，左腿為虛，坐左亦然。如是方能轉換輕靈，毫不費力，否則邁步重滯，自立不穩，又須作川字步，即當兩足前後立時，足尖俱宜在前。

實步，即腿彎曲而不伸直。

「有轉換」

進退必須變換步法，故雖退仍是進。

3. 軀　幹

「含胸」

胸略內含，使氣沉丹田，否則氣擁胸際，上重下輕，腳跟易浮。

「拔背」

使氣貼於背，有蓄機待發之勢。

「坐腕」

使內勁隱沉，不致浮飄。

「伸指」

使內勁發出，舒暢，不致滯留。

4.中　樞

「虛領頂勁」

頭容正直，神貫於頂謂之。頂勁須有虛領自然之意，不可用力，一名「頂頭懸」，謂頭頂如懸空中，同時宜閉口，舌抵上齶，忌咬牙怒目。

「尾閭中正」

尾閭宜中正，否則脊柱先受影響，精神亦難於上達。

5.立　身

「中正」

由於中樞姿勢之正確……

「安舒」

由於周身鬆淨（詳後）……　　　　→ 穩如泰山

「圓滿」

由於精神飽滿，內勁充足……

丙、鬆　淨

1.兩臂鬆

「沉肩」

使兩肩鬆開下垂以為沉氣之助，否則兩肩端起，氣亦隨上，全身皆不得力……

「垂肘」

使兩肘有往下鬆垂之意，否則肩不能沉，近於外家拳之斷勁，手指亦宜舒展，握拳須鬆庶符全身悉任自然之旨，又手掌表示前推時，手心微有突意，為引伸內勁之助，但勿用力……

2. 腰　鬆

腰鬆則氣自會沉，能使兩足有力，下盤穩固，上下肢之虛實變化，有不得力處，全恃腰部轉動得宜，以資補救，且感覺靈敏，轉動便利，蹲身時臀忌外突……

3. 胯　鬆

補鬆腰之不足，有時腰雖鬆淨，轉動仍覺甚不合宜，則非同時復鬆胯以資補救不可……

4. 全身鬆

全身鬆開，方能沉著，因是不致有分毫拙力留滯以自束縛，自能輕靈變化，圓轉自如……

周身無處不鬆淨，即在用意而不用力，意之所至，氣即至焉，如是則氣血流注全身，毫無停滯，所謂「意氣須換得靈乃有圓活之趣」，且欲沉著，必須鬆淨，故曰「沉重不浮，靜如山岳，周流不息，動若山河」。

（二）應　用

甲、化　勁

太極拳全尚外柔內堅之勁，具伸縮性，如鐵似綿，有時堅如鐵，有時柔如綿，其柔虛堅實之分全視來勢而定，彼實則我虛，彼虛則我實，實者忽虛，虛者忽實，反覆無端，彼不知我，我能知彼，使人莫測高深，自然散亂，則我發勁無不勝者，欲探其妙，須明瞭化勁之法，曰「黏」，曰「走」，走以化敵，黏以化敵，兩者交相為用焉。

1. 黏　勁

黏勁即「不丟」不丟者不離之謂，交手時須黏住彼勁，即在粘黏連隨處應付之，不但兩手而全身各處均能黏住彼勁，我之緩急，但隨彼之緩急而為緩急，自然黏連不斷感覺彼勁而收我順人背之效所謂「動急則急應，動緩則緩應」惟必須兩臂鬆淨，不使有絲毫拙力，方能巧合相隨，否則，一遇彼勁，便無復活之望，且有力喜自作主張，難以處處捨己從人初學者戒心急，久之，用勁自有似鬆非鬆，將展未展之意，便能隨意應付，百無一失。

2. 走　勁

走勁即「不頂」，不頂者不抵抗之謂，與彼黏手時，不論左右手，一覺有重意與彼黏處，即變為虛，鬆一處而偏沉之，稍覺雙重，即速偏沉，蓋彼之動作必有一方向，吾但隨其方向而去，不稍抵抗，使彼處處落空，毫不得力，所謂「左重則左虛，右重則右杳」也，初學者非大勁不走是尚有抵抗之意，如相持不下，則力大者勝，故曰「偏沉則隨，雙重則滯」，技之精者，感覺異常靈敏，稍觸即知，「有一羽不能加，一蠅不能落」之妙，練不頂法，首在用腰，腰有不足時方可濟之以胯或以步。

3. 化　勁

「黏勁」與「走勁」合而用之則曰「化勁」，走主退，黏主進，進退相濟不離，方為「入門進言之，由黏而聽，由聽而懂，由懂而走，由走而化，蓋用走勁能使彼重心傾斜不穩，用黏勁能使彼不穩而復歸於穩，因不丟不頂，彼之重心穩定與否，皆由我主之，彼之弱點我皆能知

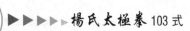

之，終須以靜待動，即彼之動而動，所謂「彼不動己不動，彼微動己先動」，若用純鋼之勁則逆而不順，不順則無由走，不走則無由化。

乙、發　勁

1. 引　勁

由化勁用逆來順受之法引入殼中，然後從而制之，彼屈則我伸，彼伸則我屈，虛實應付毫釐不爽，忽隱忽現變化不測，以勁之動俱作圓形一圈之中，即含有無數走黏，隨機應變純恃感覺，其要不外一「順」字，我順彼背，則彼雖有千斤之力，亦無所用，故有「四兩撥千斤」之句，能引後能拿能發，故「引進落空合即出」。

2. 拿　勁

引後能拿則人身無主裁氣難行走，拿人須拿活關節，如腕、肘、肩等處，拿人樞紐全在腰腿拿之，主使全在意氣，欲能發人必先知拿人，不能拿人，即不能發，故拿較發為重要，能引、能拿隨後能發，發之不佳，多由引之不合或拿之不準，故引拿與發有莫大關係，而發之機勢、方向、時間亦頗重要，若機勢確當，方向不誤，時間適合則發人猶如彈丸脫手，無往不利，其法掤攦擠按採挒肘靠等式式能發人，其用掌拳肘含腕肩胯腰膝腳，處處能擊人，其勁開合提沉長截捲鑽冷斷寸分各勁咸能攻人，總之隨曲就伸逆來順應乘人之勢，借人之力，變化無窮，其理則一，得一則萬事畢。

附 錄 三

太極拳老譜三十二解　楊澄甫　傳

目　　錄

共三十二目

八門五步

掤南捋西擠東按北採西北挒東南肘東北靠西南方位
坎離兌震巽乾坤艮八門

方位八門，乃為陰陽顛倒之理。週而復始，隨其所行
也。總之四正四隅，不可不知矣。

夫掤捋擠按是四正之手，採挒肘靠是四隅之手。合隅
正之手，得門位之卦。以身分步，五行在意，支撐八面。
五行進步火，退步水，左顧木，右盼金，定之方中土也。
夫進退為水火之步，顧盼為金木之步。以中土為樞機為軸，
懷藏八卦，腳趾五行，手步八五，其數十三，出於自然十三
勢也。名之曰：八門五步。

八門五步用功法

八卦五行，是人生成固有之良。必先明知覺，運動四
字之本由，知覺運動得之後，而後方能懂勁，由懂勁後，
自能接及神明，然用功之初，要知知覺運動，雖固有之
良，亦甚難得於我也。

固有分明法

蓋人降生之初，目能視，耳能聽，鼻能聞，口能食，
顏色聲音香臭五味。皆天然知覺，固有之良，其手舞足
蹈，於四肢之能，皆天然運動之良，思及此是人熟無因，
人性近習遠，失迷固有，要想還我固有，非乃武無以尋運
動之根由，非乃文無以得知覺之本原，是乃運動而知覺

也，夫運而知，動而覺，不運不覺，不動不知，運極則為動，覺盛則為知，動知者易，運覺者難，先求自己知覺運動得之於身，自能知人，要先求知人，恐失於自己，不可不知此理也，夫而後懂勁然也。

粘黏連隨

粘者提上拔高之謂也　黏者留戀繾綣之謂也
連者捨己無離之謂也　隨者彼走此應之謂也
要知人之知覺運動，非明粘黏連隨不可，斯粘黏連隨之功夫亦甚細矣。

頂偏丟抗

頂者出頭之謂也，偏者不及之謂也，丟者離開之謂也，抗者太過之謂也。

要知於此四字之病，不明粘黏連隨，斷不明知覺運動也，初學對手，不可不知也，更不可不去此病，所難者粘黏連隨，而不許頂偏丟抗，是所不易矣。

對待無病

頂偏丟抗，失於對待也，所以為之病者，既失粘黏連隨，何以獲知覺運動，既不知已，焉能知人，所謂對待者，不以頂偏丟抗相對於人也，要以粘黏連隨等待於人也，能如是，不但無對待之病，知覺運動自然得矣，可以進於懂勁之功矣。

對待用功法守中土（俗名站樁）

定之方中足有根，先明四正進退身。
掤捋擠按自四手，須費功夫得其身，
身形腰頂皆可以，粘黏連隨意氣均，
運動知覺來相應，神是君位骨肉臣，
分明火候七十二，天然乃武並乃文。

身形腰頂

身形腰頂豈可無，缺一何必費功夫，
腰頂窮研生不已，身形順我自伸舒，
捨此真理終何極，十年數載亦糊塗。

太極圈

進圈容易退圈難，不離腰頂後與前，
所難中土不離位，退易進難仔細研，
此為動功非站定，倚身進退並比肩，
能如水磨摧急緩，雲龍風虎象周旋，
要用天盤從此覓，久而久之出天然。

太極進退不已功

掤進捋退自然理，陰陽水火相既濟，
先知四手得來真，採挒肘靠方可許，
四隅從此演出來，十三勢架永無已，
所以因之名長拳，任君開展與收斂，
千萬不可離太極。

太極上下名天地

四手上下分天地，採挒肘靠由有去，
採天靠地相應求，何患上下不既濟，
若使挒肘習遠離，迷了乾坤遺嘆惜，
此說亦明天地盤，進用肘挒歸人字。

太極人盤八字歌

八卦正隅八字歌，十三之數不幾何，
幾何若是無平準，丟了腰頂氣歎哦，
不斷要言只兩字，君臣骨肉細琢磨，
功夫內外均不斷，對待數兒豈錯他。
對待於人出自然，由茲往復於地天，
但求捨己無深病，上下進退永連綿。

太極體用解

理為精氣神之體，精氣神為身之體，身為心之用，勁力為身之用，心身有一定之主宰者，理也，精氣神有一定之主宰者，意誠也，誠者，天道誠之者，人道，俱不外意念須臾之間，要知天人同體之理，自得日月流行之氣，其氣意之流行，精神自隱微乎理矣，夫而後言乃武乃文乃聖乃神則得。若特以武事論之於心，身用之於勁力，仍歸於道之本，也故不得獨以末技云爾。

勁由於筋，力由於骨，如以持物論之，有力能執數百斤，是骨節皮毛之外操也，故有硬力，如以全體之有勁，

似不能持幾斤，是精氣之內壯也，雖然若是功成後，猶有妙出於硬力者，修身體育之道有然也。

太極文武解

文者，體也，武者，用也，文功在武用於精氣神也。為之體育，武功得文體於心身也，為之武事，夫文武尤有火候之謂，在放捲得其時，中體育之本也，文武使於對待之際，在蓄發，當其可者，武事之根也，故云武事，文為柔軟體操也，精氣神之筋勁，武事武用，剛硬武事也，心身之骨力也，文無武之予備，為之有體，無用，武無文之侶伴，為之有用無體，如獨木難支，孤掌不響，不惟體育武事之功，事事諸如此理，文者，內理也，武者外數也，有外數無文理，必為血氣之勇，失於本來面目，欺敵必敗，爾有文理，無外數，徒思安靜之學，未知用於採戰，差微，則亡爾，自用於人，文武二字之解，豈可不解哉。

太極懂勁解

自己懂勁接及神明，為之文成而後採戰，身中之陰，七十有二，無時不然，陽得其陰，水火既濟，乾坤交泰，性命葆真矣，於人懂勁，視聽之際，遇而變化，自得曲誠之妙，形著明於不勞，運動、覺知也，功至此，可為攸往咸宜，無須有心之運用耳。

八五十三勢長拳解

自己用功，一勢一式，用成之後，合之為長，滔滔不

266

斷，週而復始，所以名長拳也，萬不得有一定之架子，恐日久入於滑拳也，又恐入於硬拳也，決不可失其綿軟，周身往復精神意氣之本，用久自然貫通，無往不至，何堅不摧也，於人對待，四手當先，亦自八門五步而來，四手，手手碾磨，進退四手，中四手，上下四手，三才四手，由下乘長拳四手起，大開大展，練至緊湊屈伸自由之功，則升之中上成矣。

太極陰陽顛倒解

　　陽，乾、天、日、火、離、放、出、發、對、開、臣、肉、用、氣、身、武、立命、方、呼、上、進、隔，陰，坤、地、月、水、坎、捲、入、蓄、待、合、君、骨、體、理、心、文、盡性、圓、吸、下、退、正，蓋顛倒之理，水火二字詳之則可明，如火炎上，水潤下者，水能使火在下而用水在上，則為顛倒，然非有法治之，則不得矣，辟如水入鼎內，而治火之上，鼎中之水，得火以燃之，不但水不能下潤，藉火氣水必有溫時，火雖炎上，得鼎以隔之，是為有極之地，不使炎上，炎火無止息，亦不使潤下之水，永滲漏，此所為水火既濟之理也，顛倒之理也，若使任其火炎上來潤下，必至火水必分為二，則為火水未濟也，故云分而為二，合之為一之理也，故去一而二、二而一，總斯理為三，天地人也，明此陰陽顛倒之理，則可與言道，知道不可須臾離，則可與言人，能以人弘道，知道不遠人，則可與言天地同體，上天下地，人在其中矣，苟能參天察地，與日月合其明，與五嶽四瀆華

朽，與四明之錯行，與草木共枯榮，明鬼神之吉凶，知人事興衰，則可言乾坤為一大天地，人為一小天地也，夫如人之身心，致知格物於天地之知能，則可言人之良知良能，若思不失固有，其功用浩然正氣，直養無害，攸久無疆矣，所謂人身生成一小天地者，天也，性也，地也，命也，人也，虛靈也，神也，若不明之者，烏能配天地為三乎，然非盡性立命，窮神達化之功，胡為乎來哉。

人身太極解

人之周身，心為一身之主宰，主宰太極也，二目為日月，即兩儀也，頭像天，足像地，人中之人及中腕，合之為三才也，四肢四象也，腎水，心火，肝木，肺金，脾土，皆屬陰，膀胱水，小腸火，膽木，大腸金，胃土，皆陽矣，茲為內也，頭丁火，地閣承漿水，左耳金，右耳木，兩命門也，茲為外也，神出於心，目眼為心之苗，精出於腎，腦腎為精之本，氣出於肺，膽氣為肺之原，視思明心動，神流也，聽思聰，腦動腎滑也，鼻之息香臭，口之呼吸出入，水鹹，木酸，土辣，火苦，金甜及言語聲音，木毫，火焦，金潤，土塕，水漂，鼻息，口吸呼之味，皆氣之往來，肺之門戶，肝膽巽震之風雷，發之聲音，出入五味，此言口、目、鼻、舌，神意使之六合，以破六欲也，此內也，手足肩膝肘胯亦使六合，以正六通也，此外也，眼、耳、鼻、口，大小便肚臍，外七竅也，喜、怒、憂、思、悲、恐、驚，內七情也，七情皆以心為主，喜心，怒肝，憂脾，悲肺，恐腎，驚膽，思小腸，怕

膀胱，愁胃，慮大腸，此內也，夫離南正午火心經，坎北正子水腎經，震東正卯木肝經，兌西正酉金肺經，乾西北隅金火腸化水，坤西南隅土脾化土，巽東南隅膽木化土，艮東北隅胃土化火，此內八卦也，外八卦者二四為肩，六八為足，上九下一左三右七也，坎一，坤二，震三，巽四，中五，乾六，兌七，艮八，離九，此九宮也，內九宮亦如此，表裏者，乙肝左肋，化金通肺，甲膽化土通脾，丁心化木中膽通肝，丙小腸化水通腎，已脾化土通胃，戊胃化火通心，後背前胸，山澤通氣，辛肺右肋化水通腎，庚大腸化金通肺，癸腎下部化火通心，壬膀胱化木通肝，此十天干之內外也，十二地支亦如此之內外也，明斯理則可與言修身之道矣。

269

太極分文武三成解

蓋言道者，非自修身，無由得也，然又分為三乘之修法，乘者成也，上乘即大成也，下乘即小成也，中乘即誠之者成也，法分三修，成功一也，文修於內，武修於外，體育內也，武事外也，其修法內外表裏，成功集大成，即上乘也，由體育之文而得武事之武，或由武事之武而得體育之文，即中乘也，然獨知體育，不入武事而成者，或專武事不為體育而成也，即小成也。

太極下乘武事解

太極之武事，外操柔軟內含堅剛，而求柔軟，柔軟之於外，久而久之，自得內之堅剛，非有心之堅剛，有心之

柔軟也，所難者，內要儲蓄堅剛而不施，外終柔軟而迎敵，以柔軟而應堅剛，使堅剛盡化無有矣，其功何以得乎，要非粘黏連隨已成，自得運動知覺，方為懂勁，而後神而明文，化境極矣，失四兩撥千斤之妙，功不及化境將何以能，是所謂懂粘運，得其視聽輕靈之巧耳。

太極正功解

太極者元也，無論內外上下左右，不離此元地，太極者方也，無論內外上下左右，不離此方也，元之出入，方之進退，隨方就元之往來也，方為開展，元為緊湊，方元規矩之至，其就能出此以外哉，如此得心應手，仰高贊堅，神乎其神，見隱顯微，明而且明，生生不已，欲罷不能。

太極輕重浮沉解

雙重為病，乾於填實，與沉不同也，雙沉不為病，自爾騰虛，與重不易也，雙浮為病，只如漂渺，與輕不例也，雙輕不為病，天然清靈，與浮不等也，半輕半重不為病，偏輕偏重為病，半者半有著落也，所以不為病，偏者偏無著落也，所以為病，偏無著落必失方圓，半有著落豈出方圓，半浮半沉為病，失於不及也，偏浮偏沉失於太過也，半重偏重滯而不正也，半輕偏輕靈而不圓也，半沉偏沉虛而不正也，半浮偏浮茫而不圓也，夫雙輕不近於浮則為輕靈，雙沉不近於重則為離虛，故曰上手輕重，半有著落，則為平手，除此三者之外，皆為病手，蓋內之虛靈不

昧，能致於外氣之清明，流行乎肢體也，若不窮研輕重浮沉之手，徒勞掘井，不及泉之歎耳，然有方圓四正之手，表裏精粗無不到，則已極大成，又何云四隅出方圓矣，所謂方而圓，圓而方，超乎象外，寰中之上手也。

太極四隅解

四正即四方也，所謂掤攦擠按也，初不知方能始圓，方圓復始之，理無已，焉能出隅之手矣，緣人外之肢體，內之神氣，弗緝輕靈方圓，四正之功，始出輕重浮沉之病，則有隅矣，辟如半重偏重滯而不正，自然為採挒肘靠之隅手或雙重填實，亦出隅手也、病多之手，不得已以隅手扶之而歸圓中，方正之手，雖然至底者，肘靠亦及此，以補其所以云爾，春後功夫能至上乘者亦須獲採挒而仍歸大中至正矣，是四隅之所用者，因失體而補缺云云。

太極平準腰頂解

頂如準，故云頂頭懸也，兩手即平左右之盤也，腰即平之根株也，立如平準，所謂輕重浮沉，分厘毫絲則偏，顯然矣，有準頂頭懸，腰之根下株尾閭至胸門也上下一條線，全憑兩平轉，變換取分毫，尺寸自己辨，車輪兩命門，一纛搖又轉，心令氣旗使，自然隨我便，滿身輕利者，金剛羅漢煉，對待有往來，是早或是晚，合則放發去，不必凌霄箭，涵養有多少，一氣哈而遠，口授須秘傳，開門見中天。

271

太極血氣根本解

　　血為營，氣為衛，血流行於肉，膜胳，氣流行於骨，筋，脈，筋甲為骨之餘，髮毛為血之餘，血旺則髮毛盛，氣足則筋甲壯，故血氣之勇，力出於骨，皮毛之外壯，氣血之體，用出於肉，筋甲之內壯，氣以血之盈虛，血以氣之消長，消長盈虛，週而復始，終身用之，不能盡者矣。

　　【註】纛（ㄉㄠˋ），古代軍隊裏的大旗。

太極四時五氣解圖

272

太極力氣解

氣走於膜胳筋脈，力出於血肉皮骨，故有力者，皆外壯於皮骨，形也，有氣者，是內壯於筋脈，象也，氣血功於內壯，血氣功於外壯，要之明於氣血二字之功能，自知力氣之由來矣，知氣力之所以然，自能用力行氣之分別，行氣於筋脈，用力於皮骨，大不相侔也。

【註】侔（ㄇㄡˊ），相等。

太極尺寸分毫解

功夫先煉開展，後煉緊湊，開展成而得之，才講緊湊，緊湊得成，才講尺寸分毫，由尺住之功成，而後能寸住，分住、毫住，此所謂尺寸分毫之理也，明矣。然尺必十寸，寸必十分，分必十毫，其數在焉，故云，對待者數也，知其數則能得尺寸分毫也，要知其數，非秘授而能量之者哉。

太極膜脈筋穴解

節膜，拿脈，抓筋，閉穴，此四功由尺寸分毫得之後而求之。膜若節之，血不周流，脈若拿之，氣難行走，筋若抓之，身無主地，穴若閉之，神昏氣暗，抓膜節之半死，申脈拿之似亡，單筋抓之勁斷，死穴閉之無生，總之氣血精神，若無身，何有主也，如能節拿抓閉之功，非得點傳不可。

太極字字解

挫柔捶打於己於人，按摩推拿於己於人，開合升降於

己於人，此十二字皆用手也，屈伸動靜於己於人，起落急緩於己於人，閃還撩了於己於人，此十二字於己氣也，於人手也，轉換進退於己身也，於人步也，顧盼前後於己目也，於人手也，即瞻前眇後左顧右盼也，此八字關乎神矣，斷接俯仰此四字關乎意勁也，斷接關乎神氣也，俯仰關乎手足也，勁斷意不斷，意斷神可接，勁意神俱斷，則俯仰矣，手足無著落耳，俯為一叩仰為一反而己矣，不使叩反，非斷而復接不可，對待之字以俯仰為重，時刻在心身手足，不使斷之無接，則不能俯仰也，求其斷接之能，非見隱顯微不可，隱微似斷而未斷，見顯似接而未接，接接斷斷，斷斷接接，其意心身體神氣極於隱顯，又何虛不粘黏連隨哉。

太極節拿抓閉尺寸分毫辨

對待之功既得，尺寸分毫於手，則可量之矣，然不論節拿抓閉之手易，若節膜，拿脈，抓筋，閉穴，則難，非尺寸分毫量之不可得也，節不量，由按而得膜，拿不量，由摩而得脈，抓不量，由推而得拿，閉非量而不能得穴，由尺盈而縮之寸分毫也，此四者雖有高授，然非自己功夫久者，無能貫通焉。

太極補瀉氣力解

補瀉氣力於自己難，補瀉氣力於人亦難，補自己者，知覺功虧則補，運動功過則瀉，所以求諸己不易也，補於人者，氣過則補之，力過則瀉之，此勝彼敗所由然也，氣

過或瀉，力過或補，其理雖亦然，其有詳夫過補，為之過上加過，遇瀉為之緩，他不及他必更過，仍加過也，補氣瀉力於人之法，均為加過於人矣，補氣名曰結氣法，瀉力名曰空力法。

太極空結挫揉論

有挫空挫結，有揉空揉結之辨，挫空者則力隅矣，挫結者則氣斷矣，揉空者則力分矣，揉結者則氣隅矣，若結柔挫則氣力反，空揉挫則氣力敗，結揉挫則力盛於氣，力在氣上矣，空揉挫則氣盛於力，氣過力不及矣，挫結揉，揉結挫，皆氣閉於力矣，挫空揉，揉空挫皆力鑿於氣矣，總之挫結揉空之法，亦必由尺寸分毫量，能如是也，不然無地之挫揉，平虛之靈結，亦何由而致於哉。

懂勁先後論

夫未懂勁之先，長出頂偏丟抗之病，既懂勁之後，恐出斷接俯仰之病，然未懂勁故然病亦出，勁既懂何以出病呼，勁似懂未懂之際，正在兩可，斷接無準矣，故出病神明及猶不及，俯仰無著矣，亦出病，若不出斷接俯仰之病，非真懂勁弗能不出也，胡為真懂，因視聽無由，未得其確也，知瞻耳少 顧盼之視，覺起落緩急之聽，知閃還撩了之運，覺轉換進退之動，則為真懂勁，則能接及神明及神明自攸往有由矣，有由者，由於懂勁，自得屈伸動靜之妙，有屈伸動靜之妙，開合升降又有由矣，由屈伸動靜，見入則開，遇出則合，看來則詳，就去則升，夫而後

才為真及神明矣，明也豈可日後不慎，行坐臥走，飲食溺泅之功，是所為及中成大成也哉。

尺寸分毫在懂勁後論

在懂勁先求尺寸分毫，為之小成，不過未技武事而已，所謂能尺於人者，非先懂勁也，如懂勁後，神而明之，自然能量尺寸，尺寸能量才能節拿抓閉矣，知膜脈筋穴之理，要必明存亡之手，知存亡之手，要必明生死之穴，其穴之數安可不知乎，知生死之穴數，烏可不明閉而不生乎，烏可不明閉而無生乎，是所謂二字之存亡，一閉之而已盡矣。

太極指發掌捶手解

自指下之腕上，裏者為掌。五指之首為之手，五指皆為指，五指權裏其背為捶，如其用者，按推掌也，拿柔，抓閉，俱用指也，挫摩，手也，打捶也，夫捶有搬攔，有指襠，有肘底，有撇身四捶之外，有覆捶，掌有摟膝，有換轉，有單鞭，有通背，四掌之外，有串掌手，有雲手，有提手，有十字手，四手之外，有反手，指，有屈指，有伸指，捏指，閉指，四指之外有量指，又名尺寸指，又名覓穴指，然指有五指，有五指之用，首指為手，仍為指故，又名手指，其一，用之為旋指旋手，其二用之為根指根手，其三用之為弓指弓手，其四用之為中合手指，四手指之外，為獨指獨手也，食指為卜指，為劍指，為佐指，為粘指，中正為心指，為合指，為鉤指，為抹指，無名

指，為全指，為環指，為代指，為扣指，小指為幫指，補指，媚指，掛指，若此之名知之易，用而之難，得口訣秘法亦不易為也，其次有對掌，推山掌，射雁掌，晾翅掌，似閉掌，拗步掌，彎弓指，穿梭指，探馬手，彎弓手，抱虎手，玉女手，跨虎手，通山捶，葉下捶，背反捶，勢分捶，捲挫捶，再其次，步隨身換，不出五行，則無失錯矣，因其粘連黏隨之理，捨己從人，身隨步自換，只要無五行之舛錯，身形腳勢出於自然，又何慮些須之病也。

口授穴之存亡論

穴有存亡之穴，要非口授不可，何也，一因其難學，二因其關乎存亡，三因其人才能傳，第一不授不忠不孝之人，第二不傳根底不好之人，第三不傳心術不正之人，第四不傳魯莽滅裂之人，第五不傳授目中無人之人，第六不傳知禮無恩之人，第七不授反覆無常之人，第八不傳得易失易之人，此須知八不傳，匪人更不待言矣，如其可以傳，再口授之秘訣，傳忠孝知恩者，心氣和平者，守道不失者，真以為師者，始終如一者，此五者果其有始有終，不變如一，方可將全體大用之功，授之於徒也，明矣，於前於後代代相繼，皆如是之所傳也，噫抑亦知武事中烏有匪人哉。

張三豐承留

天地即乾坤，伏羲為人祖，畫卦道有名，堯舜十六甘，微危允厥中，精一及孔孟，神化性命功，七二乃文武，授之

至予來，字著宣平計，延年樂在身，元善從復始，虛靈能德明，理令氣形具，萬載詠長春，心兮誠真跡，三教無兩家，統言皆太極，浩然塞而沖，方正千年立，繼往聖永綿，開來學常續，水火既濟焉，願至戌畢字。

口授張三豐老師之言

予知三教歸一之理，皆性命學也，皆以心為身之主也，保全心身，永有精氣神也，有精氣神才能文思安安，武備動動，安安動動乃文乃武，大而化之者，聖神也，先覺者得其寰中，超乎象外矣，後學者以效無覺之所知能，其知能雖人固有之知能，然非效之不可得也，夫人之知能，天然文武，目視耳聽，天然文也，手舞足蹈，天然武也，孰非固有也，明矣。前輩大成文武聖神，授人以體育修身進之不以武事修身，傳之至予，得之手舞足蹈之採戰，借其身之陰以補助之陽，身之陽男也，身之陰女也，然皆子身中矣，男之身只一陽，男全體皆陰，女以一陽採戰全體之陰女，故云一陽復始，斯身之陰女不獨七二，以一姹女配嬰兒之名變化千萬姹女採戰之可也，亦安有男女後天之身以補之者，所謂自身之天地扶助也，是為陰陽採戰也，如此者，是男子之身皆屬陰而採自身之陽，戰已身之女，不如兩男之陰陽對待修身速也，予及此傳於武事，然不可以末技視，依然體育之學，修身之道，性命之功，聖神之境也，今夫兩男之對待採戰，於己身之採戰，其理不二，已身亦遇對待之數，則為採戰也，是為汞鉛也，於人對戰坎離之陰陽兌震，陽戰陰也，為之四正，乾坤之陰

陽艮巽陰採陽也，為之四隅，此八卦也，為之八門，身足位列中土，進步之陽以戰之，退步之陰以採之，左顧之陽以採之，右盼之陰以戰之，此五行也，為之五步，共為八門五步也，夫如是予授之爾終身用之不用盡者矣，又至予得武繼武，必當以武事傳之而修身也，修身入道，無論武事文為，成功一也，三教三乘之原，不出一太極，願後學以易理格致於身中，留於後世也。

張三豐以武事得道論

蓋未有天地，先有理，理為氣之陰陽主宰，主宰理以有天地，道在其中，陰陽氣道之流行，則為對待，對待者陰陽也，數也，一陰一陽之為道，道無名天地始，道有名萬物母，未有天地之前無極也，無名也，既有天地之後有極也，有名也，然前天地者曰理，後天地者曰母，是乃理化先天陰陽氣數，母生後天胎卵濕化，位天地，育萬育，道中和，然也，故乾坤為大父母先天也，爹娘為小父母後天也，得陰陽先後天之氣以降生身，則為人之初也，夫人身之來者，得大父母之命性賦理，得小父母之精血形骸，合先後天之身命，我得而成人也，以配天地為三才，安可失性之本哉，然能率性則本不失，既不失本來面目，又安可失身體之去處哉，夫欲尋去處，先知來處，來有門，去有路，良有以也，然有何以之，以之固有之知能，無論知愚賢否，固有知能皆可以之進道，既能修道，可知來處之源，必能去處之委，來源去委既知，能必明身不修，故曰自天於至於庶人，一是皆以修身為本，夫修身以何，以之

良知良能，視目聽耳，曰聰曰明，手舞足蹈，乃武乃文，致知格物，意誠心正，心為一身之主，正意誠心以足蹈五行乎，舞八卦，手足為之四象，用之殊途良能不原，目視三合，耳聽六道，目耳亦是四形體之一表，良知歸本耳目，手足分而為二，皆為兩儀合之為一，共為太極，此由外斂入之於內，亦自內發出之於外也，能如是表裏精粗無不到，豁然貫通，希賢希聖之功，自臻於曰睿，曰智乃聖乃神。所謂盡性立命，窮神達化在茲矣，然天道人道一誠而已矣。

楊振鐸首次傳承弟子

胡步雲	楊永芬（女）	郭建生
戈金剛	謝文德	王德星（女）
高俊生	張素珍（女）	楊禮儒
苗光照	李存厚	孫剛臣
程相雲	楊春如	周亞珍（女）
林秋雅（馬來西亞）（女）		王　文
張桂蘭（女）	滑小龍	張美美（瑞典）（女）
段英蓮（女）	李壽堂	李秀英（女）
王涵蓉（美國）（女）		閻鳳祥（女）
賈承平（女）	李七梅（女）	喬榮建
田憲文	宋　斌	耿　鶯（女）
楊文升	羅海平（女）	藥俊芳（女）
王白玄	簡桂妍（女）	梁秀芳（女）
牛新中	楊樹芳（女）	

楊振鐸第二次傳承弟子

郭樹林	郝紅玲（女）	曲巧魚（女）	閻維喜
張建勝	任兆基	秦慧玲（女）	王熙有
郭小芳	戚連香（女）	和成紅（女）	王志強
馬建軍	李生武	何 勇	郝曉玉（女）
侯玉華（女）	魏建國	張寶娥（女）	劉太多（女）
常建立	張未仙（女）	邊秀宏	李瑞家（女）
梁軍虎	崔 娟（女）	彭 莉（女）	杜生耀
楊錦秀（女）	李天才	黃建東	王仲文
任春林	弓心伶（女）	白冬榮（女）	張進凱
李湘蓮（女）	蘆玉琴（女）	敎桂雲（女）	范德治
乞 霖	劉忠良	史錦華（女）	趙 琦
王 瑛（女）	張志勇	馬國華	喬建林
薛繼珍（女）	翟朝峰	柴吉良	鄭金崇
鄭菊英（女）	羅海英（女）	趙 清	辛甲安
李 鵬（女）	高 鋒（女）	姜亞範（女）	劉 森
喬青雲（女）	王玉珍（女）	劉中克（女）	李瑞珍（女）
杜燕萍（女）	宋春香（女）	汪素霞（女）	賈淑敏（女）
賀勝利			

Frank Grothstuck（弗蘭克・古適斯度克）（德國）

And Lee（李安娣）（美國）（女）

Andre Leray（安德列・勒瑞）（法國）

bill Walsh（比爾・沃爾斯）（美國）

Jean Marc Geering（讓——馬克哥潤）（瑞士）

Dave Barrett（大衛白瑞特）（美國）

282

楊振鐸第三、四、五次傳承弟子

第三次傳承弟子：

| 楊　軍 | 楊　斌 | 馮維華 | 盧冬梅（女） |
| 吳宗福 | 胡富川 | 侯繼華 | 袁穎穎（女） |

第四次傳承弟子：

馬　萍（女）	許廷國	牛建華	宋元增
王進修	馮守俊	楊子華（女）	高愛萍（女）
馬潤良（女）	秦慧珍（女）		

第五次傳承弟子：

劉喜英（女）	董郁文	楊培基	劉隊森
李國英（女）	馬粉萍（女）	王晉芳（女）	張玲娣（女）
楊春霞（女）	賀聰明	孫月慶	鄭樹軍
趙海平	李　慧（女）	白景虎	宋眼林
李晶晶（女）	王翠蓮（女）	戴紹朋	趙一新（女）
馮彩霞（女）	馮豔霞（女）	許　蓉（女）	高文鑒
杜星龍			

楊氏世系表

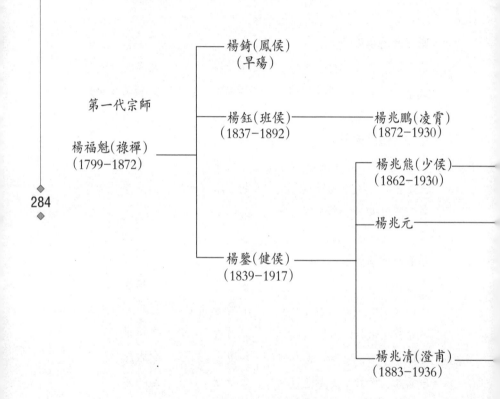

第一代宗師

楊福魁(祿禪)
(1799-1872)

楊錡(鳳侯)
(早殤)

楊鈺(班侯)————楊兆鵬(凌霄)
(1837-1892)　　　(1872-1930)

楊鑒(健侯)
(1839-1917)

楊兆熊(少侯)————
(1862-1930)

楊兆元————

楊兆清(澄甫)————
(1883-1936)

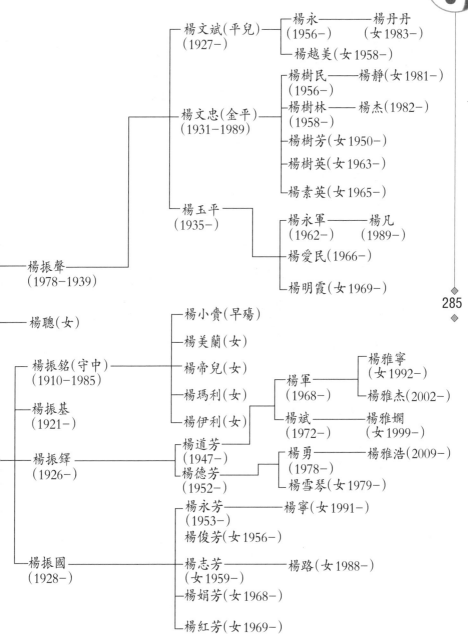

楊文斌(平兒)
(1927-)

楊永 ——— 楊丹丹
(1956-)　　　(女1983-)

楊越美(女1958-)

楊文忠(金平)
(1931-1989)

楊樹民 ——— 楊靜(女1981-)
(1956-)

楊樹林 ——— 楊杰(1982-)
(1958-)

楊樹芳(女1950-)

楊樹英(女1963-)

楊素英(女1965-)

楊玉平
(1935-)

楊永軍 ——— 楊凡
(1962-)　　　(1989-)

楊愛民(1966-)

楊明霞(女1969-)

楊振聲
(1978-1939)

285

楊聰(女)

楊小賞(早殤)

楊美蘭(女)

楊振銘(守中)
(1910-1985)

楊帝兒(女)

楊瑪利(女)

楊振基
(1921-)

楊伊利(女)

楊軍
(1968-)

楊雅寧
(女1992-)

楊雅杰(2002-)

楊斌
(1972-)

楊雅嫻
(女1999-)

楊振鐸
(1926-)

楊道芳
(1947-)

楊德芳
(1952-)

楊勇
(1978-)

楊雅浩(2009-)

楊雪琴(女1979-)

楊永芳
(1953-)

楊寧(女1991-)

楊俊芳(女1956-)

楊振國
(1928-)

楊志芳
(女1959-)

楊路(女1988-)

楊娟芳(女1968-)

楊紅芳(女1969-)

歡迎至本公司購買書籍

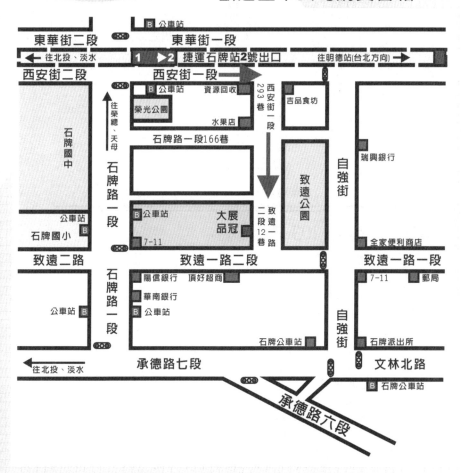

建議路線

1. 搭乘捷運‧公車

　　淡水線石牌站下車，由石牌捷運站２號出口出站(出站後靠右邊)，沿著捷運高架往台北方向走(往明德站方向)，其街名為西安街，約走100公尺(勿超過紅綠燈)，由西安街一段293巷進來(巷口有一公車站牌，站名為自強街口)，本公司位於致遠公園對面。搭公車者請於石牌站(石牌派出所)下車，走進自強街，遇致遠路口左轉，右手邊第一條巷子即為本社位置。

2. 自行開車或騎車

　　由承德路接石牌路，看到陽信銀行右轉，此條即為致遠一路二段，在遇到自強街(紅綠燈)前的巷子(致遠公園)左轉，即可看到本公司招牌。

國家圖書館出版品預行編目資料

楊氏太極拳103式 ／ 楊振鐸 著
——初版，——臺北市，大展，2016〔民105．02〕
面；21公分 ——（楊式太極拳；10）
ISBN　978－986－346－102－9（平裝；附數位影音光碟）

1. 太極拳
528.972　　　　　　　　　　　　　　　　　104026761

楊氏太極拳103式 附 DVD

著　　　者／楊振鐸
責任編輯／楊丙德
發 行 人／蔡森明
出 版 者／大展出版社有限公司
社　　　址／台北市北投區（石牌）致遠一路2段12巷1號
電　　　話／（02）28236031・28236033・28233123
傳　　　眞／（02）28272069
郵政劃撥／01669551
網　　　址／www.dah-jaan.com.tw
E - mail ／service@dah-jaan.com.tw
登 記 證／局版臺業字第2171號
承 印 者／傳興印刷有限公司
裝　　　訂／眾友企業公司
排 版 者／弘益電腦排版有限公司
授 權 者／山西科學技術出版社
初版1刷／2016年（民105年）2月

定　價／400元

大展好書　好書大展
品嘗好書　冠群可期

大展好書　好書大展
品嘗好書　冠群可期